──────────── 님의 소중한 미래를 위해
이 책을 드립니다.

중학생이라면 꼭 알아야 할

필수
국어 어휘
500

중학생이라면 꼭 알아야 할

필수
국어 어휘
500

송호순 지음

메이트북스

메이트북스 우리는 책이 독자를 위한 것임을 잊지 않는다.
우리는 독자의 꿈을 사랑하고,
그 꿈이 실현될 수 있는 도구를 세상에 내놓는다.

중학생이라면 꼭 알아야 할 필수 국어 어휘 500

초판 1쇄 발행 2016년 2월 2일 | 초판 7쇄 발행 2024년 2월 1일 | 지은이 송호순
펴낸곳 (주)원앤원콘텐츠그룹 | 펴낸이 강현규·정영훈
책임편집 안정연 | 편집 최주연 | 디자인 최선희
마케팅 김형진·이선미·정채훈 | 경영지원 최향숙
등록번호 제301-2006-001호 | 등록일자 2013년 5월 24일
주소 04607 서울시 중구 다산로 139 랜더스빌딩 5층 | 전화 (02)2234-7117
팩스 (02)2234-1086 | 홈페이지 matebooks.co.kr | 이메일 khg0109@hanmail.net
값 15,000원 | ISBN 978-89-6060-593-0 43710

이 도서의 국립중앙도서관 출판시도서목록(CIP)은 e-CIP홈페이지(http://www.nl.go.kr/ecip)에서
이용하실 수 있습니다.(CIP제어번호 : CIP2015033317)

하루 공부하지 않으면
그것을 되찾기 위해서는 이틀이 걸린다.
이틀 공부하지 않으면
그것을 되찾기 위해서는 나흘이 걸린다.
1년 공부하지 않으면
그것을 되찾기 위해서는 2년이 걸린다.

• 『탈무드』에서 •

국어 실력은
한자 어휘력에 달려 있다

"북한산은 어디에 있는 산이에요?"

몇 해 전, 청소년 수련관에서 강의를 마칠 무렵 받았던 질문입니다.

"북한산(北漢山)에서 '한(漢)'은 한강(漢江)이라고 말할 때 '한수(漢水) 한'을 써요. 그러니까 북한산은 '한강 북쪽에 자리 잡고 있는 산'을 말하는 거죠. '남한(南韓)' 또는 '북한(北韓)'이라고 할 때는 '우리나라이름 한(韓)'을 씁니다. 우리가 사는 나라가 대한민국(大韓民國)이니까요."

하지만 시간에 쫓겨 '한(韓)'과 '한(漢)'을 더 자세히 설명하지 못하고 수업을 끝낼 수밖에 없었어요. 그때 기억이 아직도 개운치 않은 뒷맛으로 남아 있네요.

'한(漢)'은 본래 '은빛 강물처럼 흐르는 밤하늘 별 무리'를 물에 빗대어 말한 '은하수(銀河水)[은 은, 물 하, 물 수]'를 나타내는 글자예요. 그러니까 한강은 서울을 동서로 '은하수처럼 흐르는 강'이죠. '한양(漢陽)[한수 한, 볕 양]'은 '한강의 북녘 햇볕이 드는 땅'의 뜻으로 서울의 옛 이름이에요. 제주도에 있는 '한라산(漢拏山)[한수 한, 붙잡을 라, 뫼 산]'은 '은하수를 잡아당길 수 있을 만한 산'이라는 뜻입니다.

　옛날에는 은하수와 같은 뜻으로 '은한(銀漢)'이라는 단어를 더 많이 사용했어요. 옛 시조에서 '은한'이라는 단어가 나오면 '은하수가 흐르는 깊은 밤'이라는 말입니다. 그리고 여기에서 뜻이 확장되어 밤하늘에 셀 수 없는 별처럼 많은 사람들을 가리켜 '보통 사람'의 의미로도 쓰여요. '몸집이 큰 사람'을 '거한(巨漢)[클 거, 사나이 한]'이라고 했는데, 이때 '한(漢)'은 '사나이'를 뜻합니다. 전문적인 지식이 없는 사람을 의미하는 '문외한(門外漢)[문 문, 바깥 외, 사나이 한]'도 마찬가지예요.

　그런데 '한(漢)'을 사전에서 찾아본 적이 있나요? 사전에는 중국에서 '유방(劉邦)'이라는 사람이 세운 '한나라(기원전 206년~)'와 관련된 내용이 '풀이' 부분의 거의 대부분을 차지하고 있어요. 중국 역사에서 한나라가 차지하는 비중이 크기 때문이지만, 이것만 보고 '한(漢)이 곧 중국(中國)이니까 한자(漢字)는 중국 글자야.'라고 생각하면 안 돼요. 이런 생각은 우리말 독해력을 키우는 데 커다란 걸림돌입니다. 어휘 학습에 하나도 도움이 되지 않는다는 이야기죠.

단순하게 한(漢)을 '여러 뜻이 있는 한자', 그리고 한나라는 그 여러 뜻 중의 하나라고 보면 이 글자가 쓰인 단어들을 이해하기 훨씬 쉬워집니다. 더불어 공부에 흥미를 느낄 수도 있죠. 이렇듯 교과서에 많이 나오는 한자어를 학습할 때는 그 한자가 가지고 있는 본래의 뜻을 제대로 익히는 것이 어휘력 향상의 지름길입니다. '한(漢)'을 '은하수 한' '한수 한' '사나이 한' '중국나라이름 한'의 순서로 읽고 외워놓는다면, 이 글자가 들어간 단어들을 바로 풀이할 수 있는 힘이 생길 테니까요.

초등학교를 다닐 때 국어 시험을 보면 만점을 받아오던 아이가 중학교에 올라가서는 학교 수업을 따라가지 못한다는 이야기를 자주 듣게 됩니다. 이유가 무엇일까요? 그것은 바로 어휘의 차이입니다. 초등 교과서에 나오는 어휘는 1천 개 정도예요. 게다가 이 단어들은 어려운 한자어가 별로 없기 때문에 어휘력의 수준이 잘 드러나지 않죠. 이에 비해 중등 교과서에는 무려 9천 단어 정도로 그 수가 급격히 증가해요. 그렇기 때문에 한자어를 알지 못하고서는 이해하기 어렵습니다.

책을 많이 읽으면 어휘력이 자연스레 늘어날까요? 결론부터 말하자면 아닙니다. 책을 읽을 때도 기본적인 어휘가 뒷받침되어야 하죠. 그러니 한자어의 정확한 이해 없이는 어휘력 향상을 기대하기가 어려워요. 그러면 중학교 한문(漢文) 과목만 열심히 하는 방법은 어떨까요? 현행 중학교 한문 교육은 고전(古典) 한문 중심으로 이루어져 있습니다.

'옛 한문 문장의 이해'에 학습 목표가 맞춰져 있기 때문에 한자어 학습과 어휘력 키우기에는 효과적이지 못하죠.

우선 중등 교과서에 나오는 한자어들을 정확하게 이해하는 것이 필요합니다. 그 후에야 책을 통해 독해력과 논리적 사고력을 넓힐 수 있고, 고문(古文)을 제대로 해석할 수 있습니다.

이 책은 중학교 국어 1·2·3학년 교과서에 나오는 한자어 중에 이해하기 힘든 핵심 개념어들을 담았습니다. 단순 사전식 표현이 아닌 한자의 본뜻 중심으로 쉽게 설명해놓았죠. 제가 이렇게 한자어들을 풀이할 수 있는 배경에는 10여 년 넘게 진행하고 있는 한자 급수(級數) 강의가 큰 바탕이 되었습니다. 단어를 설명할 때 알 수 없는 표정으로 저를 바라보는 학생들과 토론하며 고개를 끄덕일 때까지 풀어보는 순간들이 저에게는 참 행복한 시간이었습니다. 모쪼록 이 책이 독자들로 하여금 인생이라는 건축물을 짓기 전에 자신의 힘으로 커다랗게 터를 넓힌 공간으로 남기를 두 손 모아 기원합니다.

송호순

PART 1 중학생이라면 꼭 알아야 할
핵심 개념어

PART 2 한자어를 알면 국어 어휘가 늘어난다

『중학생이라면 꼭 알아야 할 필수 국어 어휘 500』
이렇게 읽어주세요!

🔍 한자풀이

觀
볼 관

雚(황새 관)에 見(볼 견)이
두리번거리며 보다(見)라

단어를 이루고 있는 한자들이 만들어진 원리를 설명했어요. 인수분해하듯 나누어 설명해 그 뜻을 분명하게 알 수 있습니다.

✏️ 어떻게 사용할까요?

더욱 많이 자연을 접촉하고, 더욱

것이 커다란 배움의 첩경인 것이다.

핵심 개념어가 교과서에서 어떻게 사용되었는지 확인합니다. 교과서에 나오는 글을 바탕으로 문맥을 파악할 수 있는 독해력을 자연스럽게 기를 수 있어요.

📖 관련 어휘 파헤치기

관념(觀念)[볼 관, 생각 념]: 바라보는(

어떤 것에 대해 고정된 한 가지

개념어를 구성했던 한자로 만들어진 어휘들을 확인해봐요. 한자에서 파생된 어휘들을 학습하면서 이해력과 사고력, 표현력의 3마리 토끼를 잡을 수 있답니다.

💡 응용해볼까요?

징계(懲戒)[징계할 징, 경계할 계]: 허

(懲) 경계함(戒)

교과서에 나온 개념들을 좀더 다양하게 알아봅시다. 비슷한 분야의 단어를 함께 적어두었기에 교과서 속 개념을 확실하게 정리할 수 있습니다.

PART 1 **중학생이라면 꼭 알아야 할 핵심 개념어**

어렵게만 느껴지는 한자어, 그렇지만 포기할 수 없는 한자어를 하나하나 풀어 설명합니다. 한자가 가지고 있는 본뜻을 바탕으로 쉽게 어휘력을 키울 수 있어요.

PART 2 **한자어를 알면 국어 어휘가 늘어난다**

단어 뒤에 '~적' '~성' '~력' '~화' '~감' 등이 붙어 만들어진 조어를 알아봐요. 교과서에 나오는 단어들을 중심으로 그 의미를 분명하게 이해할 수 있도록 설명했습니다.

PART 3 **중학생이라면 꼭 알아야 할 소리는 같아도 뜻이 다른 말**

소리는 같으나 뜻이 다른 '동음이의어'를 알아봅니다. 교과서에 나오는 수많은 동음이의어들을 제대로 구별할 수 있도록, 눈으로 보면서 큰소리로 읽어봐요. 자연스레 한자어가 익혀질 거예요.

PART4 **중학생이라면 꼭 알아야 할 소리는 비슷해도 뜻은 다른 말**

마지막으로 소리가 비슷해서 의미를 혼동하기 쉬운 단어들을 살펴봐요. 이 단어들의 정의를 확실하게 알고 나면 문장의 흐름을 놓치는 일은 없을 거예요.

한자어, 어휘 공부가 어렵게 느껴지는 것은 한자어 때문일 거예요. 그렇다고 한자 공부를 따로 해야 할까요? 공부해야 한다는 생각만 해도 머리가 아파오는데 말이죠. 놓칠 수 없는 어휘 공부, 어떻게 해야 할까요? 이 장에서는 한자로 이루어진 개념어를 이해하기 쉽게 알아봅니다. 한자가 가지고 있는 본뜻을 풀어 어휘의 개념을 명확하게 이해할 수 있어요.

PART 1

중학생이라면 꼭 알아야 할 핵심 개념어

관찰 觀察

보고 살핌

한자풀이

觀
볼 관

雚(황새 관)에 見(볼 견)이 합쳐져 '먹이를 찾는 황새(雚)가 주위를 두리번거리며 보다(見)'라는 뜻에서 '보다'의 의미로 쓰여요.

察
살필 찰

祭(제사 제)에 宀(집 면)을 올려 '제사(祭) 지내는 집(宀)에서 잘 살펴 제사상에 음식을 올리다'라는 뜻에서 '살피다'의 의미로 쓰이네요.

따라서 자세히 보고(觀) 살피는(察) 것을 '관찰'이라고 합니다.

관(觀)은 그냥 보는 것(see)이 아니라 자세하게 유심히 보는 것(watch)이에요. 찰(察)도 한 번 보고 마는 것이 아니라 자주 살핀다는 의미가 있지요. 따라서 '관찰'은 사물이나 현상을 주의 깊게 자세히 보고 살피는 것을 말한답니다.

✎ 어떻게 사용할까요?

> 더욱 많이 자연을 접촉하고, 더욱 많이 자연을 관찰하며 생각하는 기회를 가지는 것이 커다란 배움의 첩경인 것이다.
>
> 유치환, 『나는 고독하지 않다』

접촉(接觸)[이을 접, 닿을 촉]: 서로 이어져(接) 닿음(觸)

첩경(捷徑)[빠를 첩, 지름길 경]: 빠른(捷) 지름길(徑). '쉽고 빠른 방법'을 의미

📖 관련 어휘 파헤치기

관념(觀念)[볼 관, 생각 념]: 바라보는(觀) 생각(念)이나 견해

어떤 것에 대해 고정된 한 가지 이미지로 생각하는 걸 고정관념(固定觀

念)[굳을 고, 정할 정, 볼 관, 생각 념]이라고 하죠? 이때 '관'도 앞서 배운 '볼 관'을 사용해요. '고정'은 변하지 않음을, '관념'은 바라보는 생각을 뜻합니다. '생각 념(念)'에 대해서는 22쪽에서 자세하게 살펴보도록 해요.

방관(傍觀)[곁 방, 볼 관]: 어떤 일에 나서서 상관하지 않고 곁(傍)에서 보기(觀)만 함

성찰(省察)[살필 성, 살필 찰]: 자신이 한 일을 돌이켜보고 깊이 살핌(省=察)

省(살필 성/덜 생)은 少(적을 소)에 目(눈 목)이 합쳐진 글자로 '아주 적은 (少) 부분까지 눈(目)으로 살핀다'라는 의미예요. '성찰'이나 '성묘(省墓)

[살필 성, 무덤 묘: 산소를 살핌]', '반성(反省)[돌이킬 반, 살필 성: 스스로를 돌이켜 살핌]' 같이 '살피다'의 의미로 쓰일 때 '성'으로 읽어요. 하지만 '전부를 살필 수는 없으니 덜어내어 본다'는 의미로 확장되어 '덜어내다'라는 뜻일 때는 '생략(省略)[덜 생, 줄일/간략할 략: 일부를 덜거나 줄임]'처럼 '생'으로 읽는답니다.

통찰(洞察)[꿰뚫을 통, 살필 찰]: 꿰뚫어(洞) 살펴(察)봄

洞(마을 동/꿰뚫을 통)은 氵[水(물 수)의 변형]에 同(한가지/같을 동)이 합쳐진 글자예요. 물이 마을을 '꿰뚫고 지나가다'의 뜻일 때 '통', '사람들이 함께 사는 물가 마을'을 뜻할 때 '동'으로 읽어요. 여러분이 살고 있는 동네를 ○○동이라고 하듯이 말이죠.

개념 概念
간추린 생각

핵심
개념어

🔍 한자풀이

概
대개 개

木(나무 목)과 旣(이미 기)가 합쳐진 글자로, 본래 이미 쌓여 있는 곡식을 평평하게 밀어 고르게 하는 기구인 '평미레'를 가리키다가 뜻이 확장되어 '대강 밀어준다'는 의미로 쓰여요.

念
생각 념

今(이제 금)에 心(마음 심)이 합쳐져 '지금(今) 마음(心)속에서 일어나는 생각'이라는 의미에서 '생각'을 뜻해요.

대강(概) 간추려 줄인 생각(念)이나 뜻을 의미하는 단어가 '개념'이에요.

'개념'은 '평평하게 밀어놓은 생각'으로, 사람들이 품어오던 들쭉날쭉한 여러 관념 속에서 가려낸 공통적인 줄거리입니다. 다시 말해 '개념'은 관념을 종합해 뽑은 사물에 대한 일반적인 지식이라고 할 수 있지요.

어떻게 사용할까요?

행복은 물질적인 것과 정신적인 것으로 나누어볼 수 있다. 행복한 사람에 대해 말하기 위해서는 이 둘의 본질적인 특성을 살펴보는 것이 좋겠다. 첫째, 물질적인 행복은 객관적인 조건에 의해 결정되는 것이기 때문에 피동적인 행복이다. 이에 비해 정신적인 행복은 자기 스스로 만들어가는 것으로 그만큼 적극적·능동적 행복이다. 둘째, 물질적 행복은 상대적인 것이다. 다른 사람과의 비교에서 오는 것이기 때문이다. 이에 비해 정신적 행복은 절대적인 것이다. 비교의 대상을 갖지 않기 때문이다. 능동적인 행복은 인간의 수명에 의해 좌우되기 때문에 유한한 것이다. 셋째, 물질적인 행복은 제한된 행복을 추구하는 사람이다. 가질 수 있는 것은 한계가 있기 때문이다. 이에 비해 정신적 행복은 무제한적인 행복이다. 정신적 가치는 얼마든지 많이 가질 수 있는 우리들의 유산이다.

평가 항목 ②   위의 글은 주요 개념을 대비해서 설명하고 있는가?

2005년 6월 평가원 12번 문제

'행복'은 정의하기 쉽지 않은 개념입니다. 구체적이지 않고 추상적이라서 사람들마다 느끼는 바가 다를 수 있기 때문이죠. 따라서 행복 또는 행복한 사람에 대해 말하는 것은 쉽지 않습니다. 이 글에서는 행복을 '물질적인 행복'과 '정신적인 행복'으로 나누어 설명하고 있어요. 글을 쓴 사람이 생각하는 진정한 의미의 행복을 강조하기 위해서 '물질적인 행복'과 '정신적인 행복'을 대비하고 있죠. 그러므로 평가 항목 질문의 답은 '그렇다'라고 할 수 있겠네요.

📖 관련 어휘 파헤치기

개요(槪要)[대개 개, 중요 요]: 대강(槪)의 요점(要點)

개론(槪論)[대개 개, 조리있게말할 론]: 내용을 대강(槪) 간추려 논설(論說)함

대개(大槪)[큰 대, 대개 개]: 대체(大體)의 줄거리(槪). 대략. 대부분

개략적(槪略的)[대개 개, 간략할 략, 것 적]: 대강(槪) 간추려 줄인(略) 것(的)

통념(通念)[통할 통, 생각 념]: 일반적으로 널리 통(通)하는 개념(槪念)

신념(信念)[믿을 신, 생각 념]: 굳게 믿어(信) 변하지 않는 생각(念)

상징 象徵

구체적인 사물로 밝힘

🔍 한자풀이

象

코끼리/꼴/
본뜰 상

코끼리 모양을 본뜬 글자예요. ①상아(象牙)[코끼리 상, 어금니 아]는 코끼리의 어금니이고, ②상징은 꼴(象)로 불러 밝힌다(徵)는 뜻이고, ③상형(象形)[본뜰 상, 모양 형]은 모양(形)을 본뜬(象) 것을 뜻해요.

徵

조짐/부를/
거둘/밝힐 징

微(작을 미)와 壬(곧을 정)이 합쳐진 글자로, 지금으로부터 3,500년 전 한자가 만들어질 때 이야기를 해야 해요. 옛날에는 잘 말린 거북이 배딱지에 홈을 파고 불로 지진 후 가늘고(微) 곧게(壬) 갈라진 금을 보고 점을 쳤습니다. 어떤 일이 일어날 조짐을 알고 싶었던 거죠. 징(徵)은 본래 '조짐'이라는 뜻에서 좋은 조짐을 부르고 싶다는 의미로 확장되어 '부르다', 불러 거둔다는 의미로 '거두다', 마지막으로 거두어서 '밝히다'는 뜻으로 쓰인답니다.

추상적인 사물이나 관념을 구체적인 꼴(象)로 불러 밝히는(徵) 것을 '상징'이라고 해요.

"비둘기는 평화의 상징이다." 여기에서 '평화'라는 추상적인 관념을 '비둘기'라는 구체적인 꼴로 불러 밝혔듯이, 머릿속에서 그려지지 않는 추상적인 사물이나 관념을 눈에 보이는 구체적인 모양으로 불러 표현하는 것입니다. 다시 말해 어떤 말이 본래 의미를 떠나 다른 영역의 의미를 암시(暗示)[몰래 암, 보일 시: 넌지시 알림]하는 것이죠.

✏️ 어떻게 사용할까요?

반딧불   윤동주

가자 가자 가자

숲으로 가자

달조각을 주우러

숲으로 가자.

그믐밤 반딧불은

부서진 달조각,

가자 가자 가자

숲으로 가자

달조각을 주우러

숲으로 가자.

중학교 『국어 1』, 108쪽

이 시를 낭송해보면 반복되는 시어에서 말의 가락을 느낄 수 있어요. 이처럼 시에서 느껴지는 말의 가락을 '운율'이라고 해요. 그리고 이 시에서 많이 쓰인 표현법이 있어요. 우선 2연을 보면 '반딧불'을 '부서진 달조각'에 빗대고 있죠? 이렇게 어떤 대상을 다른 비슷한 대상에 빗대어서 표현하는 것을 '비유'라고 해요. 또한 '그믐밤'은 '일제강점기의 암울한 시대 상황'을, '반딧불'은 '희망'을 나타냅니다. 이처럼 추상적인 개념이나 사물을 구체적인 사물로 표현하는 것을 '상징'이라고 한답니다.

📖 관련 어휘 파헤치기

징조(徵兆)[조짐 징, 조짐 조]: 좋은 일이나 나쁜 일이 생길 기미나 조짐(徵=兆) 또는 낌새

징병(徵兵)[부를 징, 군사 병]: 군사(兵)를 불러(徵) 모음

징집(徵集)[부를 징, 모을 집]: 물건을 불러(徵) 모음(集)

징수(徵收)[거둘 징, 거둘 수]: 거두어(徵) 들임(收)

💡 응용해볼까요?

징계(懲戒)[징계할 징, 경계할 계]: 허물이나 잘못을 뉘우치도록 나무라며 (懲) 경계함(戒)

徵(부를 징) 글자 밑에 心(마음 심)이 더해지면 '마음(心)속으로 밝혀서(徵) 뉘우치도록 징계한다'는 의미로 '懲(징계할 징)'이 된답니다.

권선징악(勸善懲惡)[권할 권, 착할 선, 징계할 징, 악할 악]: 착한(善) 행동을 권하고(勸) 나쁜(惡) 행동을 징계(懲戒)함

> **파생어를 알아봐요!**
>
> 파생(派生)[갈래 파, 날 생]은 본체에서 갈려 나와 새롭게 생겼다는 걸 의미해요. 그러니까 파생어는 본래의 단어를 바탕으로 새롭게 만들어진 단어를 뜻하죠. 파생어의 의미를 정확하게 알고 있으면 어휘력을 키우는 데 도움이 됩니다. 예를 들어 징(徵)을 공부할 때 '부르다'라는 한가지 의미로만 알고 있는 친구보다 징(徵)에서 파생되어 '징계하다'는 뜻을 가진 징(懲)까지 알고 있는 친구는 훨씬 풍부한 어휘를 알게 되는 거죠. 이렇게 파생된 단어의 의미를 정확하게 알고 읽는 공부가 이해력과 사고력, 그리고 표현력을 높이는 열쇠입니다.

비유 譬喻

비슷한 대상에 빗대어 설명하는 것

 한자풀이

譬 빗댈 비	辟(다스릴 벽) 아래에 言(말씀 언)이 합쳐진 글자로, 관청에서 죄지은 사람의 죄상을 밝혀 '다스리기(辟) 위해 말하다(言)'라는 뜻이에요. 무엇을 밝히고자 '빗대어서 설명하다'는 의미로 쓰여요.
喻 깨우칠 유	口(입 구)에 俞(거룻배/그럴/대답할 유)가 합쳐져 돛이 없는 작은 배(俞)에 짐을 실 듯이 말을 입(口)에 실어 상대방이 '깨우치도록 가르치다'라는 뜻이에요.

어떤 사물이나 현상을 직접 설명하지 않고 비슷한 대상에 빗대어(譬) 설명하는 (喻) 것을 '비유'라고 해요.

"내 마음은 호수요." 이 문장에서 '마음'을 고요한 '호수'로 표현하고 있듯이, 다른 것에 빗대어서 의미를 간접적으로 깨우치는 것이 비유입니다. 이렇듯 대상의 성격이나 모습 등을 생생하게 전달할 수 있게 하고 정서(情緖)[뜻 정, 실마리 서: 마음이 작용한 감정의 실마리]까지 두루 표현할 수 있죠. 문학작품, 특히 시(詩)에서 많이 쓰입니다. 이러한 비유법에는 은유법, 직유법, 활유법, 의인법, 중의법, 풍유법, 대유법 등이 있어요.

✎ 어떻게 사용할까요?

우리말 속담에 '장님 단청 구경하듯'이란 말이 있습니다. 장님은 아무것도 보지 못하는데, 절에 와서 울긋불긋한 단청(丹靑) 구경을 한다고 하니, 실제는 아무것도 볼 수 없으면서 보는 시늉만 하는 것을 비유를 들어 놀려 하는 표현입니다.

『살아 있는 한자 교과서』 1권, 85쪽

☀ 응용해볼까요?

은유법(隱喩法)[숨을 은, 깨우칠 유, 법 법]: 숨어서(隱) 깨우치는(喩) 방법(法)

사물의 상태나 움직임을 암시적으로 나타내는 수사법(修辭法)[닦을 수,

말씀 사, 법 법: 말이나 글을 다듬고 꾸며서 보다 아름답고 가지런하게 하는 방법]이에요. 여기에서 숨는다는 것은 표현하려는 것(원관념)과 빗댄 것(보조관념)의 유사성(類似性)[무리 류, 비슷할 사, 성질 성: 무리가 비슷하듯이 성질이 서로 비슷함]이 직접적이지 않고 간접적으로 숨어 있다는 뜻입니다. 예를 들어 '호수'라는 단어에는 '넓고 고요하다'는 뜻이 숨어 있어요. 그래서 "내 마음(원관념)은 호수(보조관념)요."라는 문장은 '내 마음은 호수와 같이 넓고 고요하다'라고 해석할 수 있는 거죠. 이런 표현을 은유법이라 한답니다.

직유법(直喩法)[곧을 직, 깨우칠 유, 법 법]: 곧게(直) 빗대어 깨우치게(喩) 하는 방법(法)

비슷한 성질이나 모양을 가진 두 사물을 '~같이' '~처럼' '~듯이' '~인 양' 등의 말을 붙여서 직접 비유하는 수사법입니다. 비유법은 다른 사물에 견주듯이 빗대어 표현하기 때문에 '간접적'인 특징을 지니는데, 직유법은 이러한 비유법 중에서 '가장 직접적인 비유 방법'을 말해요. "구름에 달 가듯이 가는 나그네"에서는 '나그네'(원관념)를 '달'(보조관념)에 연결해서 나그네의 특징을 달에 직접 빗댔습니다. 달이 가듯 어디에도 얽매이지 않고 유유자적하며 사는 나그네의 삶을 떠올리게 하는 표현이죠. "내 마음은 호수요."를 직유법으로 바꾸면 "내 마음은 호수같이 넓다." 또는 "내 마음은 호수같이 고요하다." 정도로 표현할 수 있겠네요.

활유법(活喩法)[살 활, 깨우칠 유, 법 법]: 무생물을 살아 있는(活) 생물인 것처럼 생각해 깨우치는(喩) 방법(法)

감정이 없는 것을 있는 것처럼 표현하는 방법입니다. "목마른 대지"는 강바닥이 드러날 정도로 비가 오지 않아 가문 땅을 묘사한 말로써, 땅이라는 무생물을 물이 필요한 생물인 것처럼 표현한 거예요.

의인법(擬人法)[흉내낼 의, 사람 인, 법 법]: 무생물이나 동식물을 사람(人)에 빗대어(擬) 표현하는 방법(法)

활유법이 무생물을 생물처럼 표현한 것이라면 의인법은 생물이든 무생물이든 울고 웃고 생각하고 느끼고 행동하는 사람처럼 표현하는 것입니다. 예를 들어 "슬피 우는 기적 소리"는 기차에서 나는 경적 소리를 사람처럼 '슬피 운다'고 함으로써 말하는 이의 정서를 잘 알 수 있죠. 다만 기차가 '운다'고 하면 의인법이 되지만 '으르렁거린다'고 하면 활유법이 됩니다. 우는 건 어떤 감정이 들어간 사람의 행동이지만 으르렁거리는 건 보통 동물의 행동이기 때문이에요.

중의법(重意法)[무거울/거듭할 중, 뜻 의, 법 법]: 하나의 단어에 2가지 의미(意)를 중복시켜(重) 표현하는 방법(法)

단어 하나가 2가지 이상의 뜻을 나타내는 것입니다. 예를 들어 냇가에 앉아 흐르는 강물을 보며 "가는 것이 이와 같구나! 밤낮으로 쉬지 않고 흐르는구나!"라고 할 때 '흐르는 강물'은 단순히 '흘러가는 물'이라는 뜻과 시간의 흐름이 빠르고 쉼 없음을 나타낸다고 볼 수 있어요.

풍유법(諷喩法)[변죽울릴 풍, 깨우칠 유, 법 법]: 슬며시 돌려(諷) 넌지시 깨우

치도록(喩)하는 방법(法)

풍자적으로 비유하는 것을 말해요. 주로 속담이나 격언 등의 표현 방

법이죠. ▶69쪽 참조

대유법(代喩法)[대신할 대, 깨우칠 유, 법 법]: 사물의 구체적인 속성을 들어

그것이 속한 전체를 대신해서(代) 깨우치도록(喩) 하는 방법(法)

'흰 옷'은 우리 민족을, '백의 천사'는 간호사를 표현하는 말이죠. 이런

표현들이 가장 대표적인 대유법입니다.

운율 韻律

'리듬(rhythm)'의 또 다른 이름

핵심 개념어

🔍 한자풀이

韻
운치 운

音(소리 음)에 員(인원 원)이 합해진 글자예요. 많은 인원(人員)이 내는 소리(音)에 깃든 그윽한 울림으로, '고상하고 우아하다'는 의미로 쓰입니다.

律
법/가락 률

彳(자축거릴 척)과 聿(붓 율)이 더해져 사람들이 살아가면서(彳) 지켜야 할 것들을 붓(聿)으로 적어놓은 '법률(法律)'이라는 뜻이에요. 여기에서 음악의 규칙적인 흐름인 '가락'으로 의미가 파생되어 쓰입니다.

고상하고 우아한(韻) 가락(律)을 '운율'이라고 해요. 주로 시에서 소리의 규칙적 반복으로 나타나죠.

시를 읽을 때 느껴지는 '운치(韻致)[운치 운, 이를 치: 고상하고 우아함에 닿음]의 가락'으로, 같은 음 또는 비슷한 음이 되풀이되거나 음의 강함과 약함, 길고 짧음, 높낮이가 반복되는 것입니다. 노래를 부르듯 흥겨움과 즐거움을 느끼게 해주죠. 영어로는 '리듬(rhythm)'이라고 해요.

🖋 어떻게 사용할까요?

호박꽃 바라보며　　　　　　　정완영

분단장 모른 꽃이, 몸단장도 모른 꽃이,

한 여름 내도록을 뙤약볕에 타던 꽃이,

이 세상 젤 큰 열매 물려주고 갔습니다.

중학교 『국어 1』, 113쪽

이처럼 시를 읽을 때 느껴지는 말의 가락이 **운율**이에요. 글자 수를 일정하게 반복해 읽는 즐거움을 주며, 내용을 기억하기 쉽게 해주죠. 그리고 시의 분위기를 형성하고 주제를 효과적으로 전달하는 데도 도움을 준답니다.

운율에는 외형률과 내재율, 2종류가 있어요. 외형률(外形律)[바깥 외, 모양 형, 가락 률]은 말의 가락이 바깥으로 드러나는 운율로, 정형시(定型

詩)[정할 정, 틀 형, 글 시]에 주로 나타나요. 내용이 이해되지 않더라도 글자 수[음수(音數)]가 이루어졌는지, 호흡 단위[음보(音步)]는 맞춰졌는지를 보면 의미를 좀더 쉽게 파악할 수 있지요. 이처럼 정해놓은(定) 틀(型)을 따르는 정형시는 모두 외형률을 지니고 있습니다. 보통 외형률은 '안정된 운율감' '정제된 형식미' '정형적인 운율' '율격적' 등의 단어로 표현해요.

내재율(內在律)[안 내, 있을 재, 가락 률]은 가락이 겉으로 드러나지 않고 시어(詩語)와 시구(詩句) 속에 숨어 있어 안에서 은근히 느껴지는 운율이에요. 자유시(自由詩)나 산문시(散文詩)에 적용되죠. 정해진 형식이 아닌 시의 내용이나 시어가 놓인 위치에서 리듬감을 느낄 수 있다는 점에서 외형률과 구분할 수 있답니다.

💡 응용해볼까요?

운문(韻文)[운치 운, 글월 문]: 일정한 운(韻)을 사용한 글(文)

산문(散文)[흩어질 산, 글월 문]: 형식에 얽매이지 않고 자유롭게 흩뜨려(散) 쓴 글(文) ▶59쪽 참조

> 운문과 산문의 구분은 운율을 기준으로 합니다. 소설이나 수필과 같은 산문에는 운율이 없고, 시 또는 시조와 같은 운문에는 운율이 있죠.

운율은 어떻게 만들 수 있을까요? 첫 번째, 같은 말을 반복하는 거예요. "민들레가 피고 / 까치가 날고, 아가씨가 지나고 / 바람이 일고."에서는 종결어미 '고'가 반복되고 있습니다.

두 번째, 같은 글자 수를 반복하는 방법이 있습니다. "봄바람 하늘하늘 / 넘노는 길에, 연분홍 살구꽃이 / 눈을 틉니다."를 보면 7·5조로 글자 수가 반복되고 있어요.

세 번째, 같은 시어나 시구를 반복해도 운율이 만들어져요. "앞 강물 뒷 강물 / 흐르는 물은, 어서 따라 오라고 따라 가자고."를 보면 '강물'과 '따라'가 반복되고 있죠.

네 번째, 같거나 비슷한 문장 구조를 반복하는 방법이 있습니다. "연분홍 송이송이 하도 반가워 / 연분홍 송이송이 바람에 지니."에서는 '연분홍 송이송이'라는 말이 반복되며 운율을 느끼게 하죠.

다섯 번째, 의성어(擬聲語)[흉내낼 의, 소리 성, 말씀 어: 사람이나 사물의 소리를 흉내 낸 말]나 의태어(擬態語)[흉내낼 의, 모양 태, 말씀 어: 사람이나 사물의 움직임이나 모양을 흉내 낸 말]를 사용하는 방법이 있어요. "종알종알 어쩌다가 / 너와 다투고, 눈물이 글썽글썽 울려 보내고."에서 '종알종알' '글썽글썽'이 나오면서 운율을 만들었어요.

수미상관(首尾相關)[머리 수, 꼬리 미, 서로 상, 빗장/관계할 관]: 머리(首)와 꼬리(尾)가 서로(相) 관계하는(關) 것으로, 시에서 처음과 마지막이 같거나 비슷한 구절로 반복하는 표현 기법

보통 운문에서 첫 번째 연과 마지막 연이 반복되게 하는 것을 뜻합니다. 시작과 끝을 동일하게 반복하면 시에 안정감을 주고 운율을 형성함으로써 여운(餘韻)[남을 여, 운치 운: 남아 있는 운치]과 감동을 줍니다. 대표적인 시로 '나룻배와 행인'(중학교 『국어 3』, 87쪽)을 들 수 있어요. "나는 나룻배 / 당신은 행인."이 첫 번째 연과 마지막 연에 반복되는 걸 볼 수 있죠. 다른 말로 수미상응(相應)[서로 상, 응할 응]이나 수미쌍관(雙關)[쌍 쌍, 빗장/관계할 관]이라고도 한답니다.

양상 樣相

모양이나 생김새

🔍 한자풀이

樣
모양 양

木(나무 목)과 羕(길 양)이 합쳐진 글자로 본래는 상수리나무를 뜻합니다. 그런데 상수리 나무가 단단하고 모양을 본뜨기에 적당하다 해서 의미가 확장되어 '모양'의 뜻으로 쓰여요.

相
서로/모양/
재상 상

木(나무 목)에 目(눈 목)이 합쳐져 만들어진 글자입니다. '나무(木) 위에서 서로 바라보다(目)'는 뜻으로 '서로'라는 의미가 있어요. 여기에서 의미가 확장되어 '모양'의 의미로도 쓰입니다.

사물이나 현상의 모양(樣=相)이나 상태를 '양상'이라고 해요.

상(相)은 '서로'라는 의미 말고도 여러 가지 의미가 있어요. 여기에서는 서로 보는 '모양'의 뜻으로 쓰였습니다. 그러니까 일이 되어가는 모양이나 상태를 말하죠. 따라서 '양상'이라는 단어를 쓰기 위해서는 '구체적인 모습'이 제시되어야 한답니다.

참고로 '재상'의 뜻으로 쓰이는 상(相)도 알아볼까요? 재상은 지금으로 치면 국무총리라고 할 수 있어요. 조선시대에는 정승(政丞)이라고도 했죠. 혹시 '왕후장상(王侯將相)'이라고 들어보았나요? '제왕(帝王)과 제후(諸侯), 장수(將帥)와 재상(宰相)'을 아울러 이르는 말이에요. 사극 같은 데서 "왕후장상의 씨가 따로 있다더냐?"라고 외치는 걸 한 번쯤은 들어봤을 거라고 생각해요. 가문이나 혈통이 아니라 능력에 따라 높은 자리에 올라야 한다는 뜻이죠. 이때도 우리가 흔히 '서로'라는 의미로만 알고 있는 상(相)이 쓰인다니 신기하지 않나요? 이렇듯 상(相)이 단어나 문장에서 쓰일 때 '서로' '모양' '재상'의 뜻으로 두루 쓰인다는 걸 꼭 기억하세요.

뜻에 따라 다르게 읽는 한자
상(相)뿐만 아니라 狀(모양 상/문서 장)도 함께 살펴보면 좋을 것 같아요. '현재의 상태'를 '현상(現狀)'이라고 해요. 이때 '狀'은 '모양'의 의미에서 '상'이라고 읽습니다. 반면 '영장(令狀)' '청첩장(請牒狀)'에서는 '문서'의 의미로 '장'이라고 읽죠.

✏️ 어떻게 사용할까요?

소설의 시대별 양상

사태가 새로운 양상으로 전개되다.

현대 사회로 오면서 삶의 양상이 많이 달라졌다.

신문 기사 등에서 자주 볼 수 있는 문장들이에요. '양상'이라는 단어로 문장이 어려워 보이나요?

그렇다면 양상을 '모습'으로 바꾸어 보세요. '소설의 시대별 모습' '사태가 새로운 모습으로 전개되다.' '현대 사회로 오면서 삶의 모습이 많이 달라졌다.'로 쉽게 풀이할 수 있어요. 다만 '양상'이라고 표현했으니 이어지는 문장에서는 시대별로 어떤 모습인지, 사태가 어떤 모습으로 전개되는지, 삶의 모습이 현대에 와서는 어떻게 많이 달라졌는지 구체적인 내용이 추가적으로 나와야 한답니다.

심상 心象

마음에 남긴 느낌

 한자풀이

心
마음 심

사람의 심장 모양을 본떠 '마음'의 뜻으로 쓰여요.

象
코끼리/꼴/
본뜰 상

코끼리 모양을 본떠 만든 글자입니다.

마음(心)속에 떠오르는 인상(印象)을 '심상'이라고 해요.

인상(印象)[새길 인, 꼴 상]은 새겨진(印) 꼴(象)이에요. 즉 심상은 마음에 남긴 느낌이죠. 사람은 오감(五感: 시각·청각·후각·미각·촉각)으로 사물을 느끼는데 그때 마음속에 남는 '생생한 이미지'입니다. 예를 들어 시를 읽고 머릿속에 그려지는 상황이나 느낌이 바로 심상이랍니다.

✏️ 어떻게 사용할까요?

아직은 연두   박성우

난 연두가 좋아 초록이 아닌 연두

우물물에 설렁설렁 씻어 아삭 씹는

풋풋한 오이 냄새가 나는 것 같기도 하고

옷깃에 쓱쓱 닦아 아사삭 깨물어 먹는

시큼한 풋사과 냄새가 나는 것 같기도 한 연두

풋자두와 풋살구의 시큼시큼 풋풋한 연두,

난 연두가 좋아 아직은 풋내가 나는 연두

연초록 그늘을 쫙쫙 펴는 버드나무의 연두

기지개를 쭉쭉 켜는 느티나무의 연두

난 연두가 좋아 초록이 아닌 연두

중학교 『국어 1』, 126쪽

풋풋함이 느껴지는 이 시에는 여러 **심상**들이 사용되고 있어요. "연초록 그늘을 쫙쫙 펴는"은 시각적 심상, "아사삭 깨물어 먹는"은 청각적 심상, "풋풋한 오이 냄새"는 후각적 심상, "풋자두와 풋살구의 시큼시큼"은 미각적 심상, "옷깃에 쓱쓱 닦아"는 촉각적 심상을 나타내죠.

시각적(視覺的)[볼 시, 깨달을 각, 것 적] 심상: 보고(視) 깨닫는(覺) 것(的)으로, 눈으로 빛깔·모양·움직임 등을 보는 듯한 느낌(**예** 어두운 방 안에 바알간 숯불이 피고)

청각적(聽覺的)[들을 청, 깨달을 각, 것 적] **심상:** 듣고(聽) 깨닫는 것으로, 귀로 소리를 듣는 듯한 느낌(**예** 머리맡에 찬물을 쏴아 퍼붓고는)

후각적(嗅覺的)[냄새맡을 후, 깨달을 각, 것 적] **심상:** 냄새를 맡고(嗅) 깨닫는 것으로, 코로 냄새를 맡는 듯한 느낌(**예** 향그러운 꽃지짐)

미각적(味覺的)[맛 미, 깨달을 각, 것 적] **심상:** 맛(味)을 보고 깨닫는 것으로, 혀로 맛을 보는 듯한 느낌(**예** 메마른 입술이 쓰디쓰다)

촉각적(觸覺的)[닿을 촉, 깨달을 각, 것 적] **심상:** 살갗에 닿아(觸) 깨닫는 것으로, 피부에 닿는 듯한 느낌(**예** 꽃가루와 같이 부드러운 고양이의 털)

🔆 응용해볼까요?

공감(共感)[함께 공, 느낄 감]: 자기도 남들과 함께(共) 똑같이 느낌(感). 또는 그런 감정

공감각적(共感覺的)[함께 공, 느낄 감, 깨달을 각, 것 적] **심상:** 소리를 들으면 빛깔이 느껴지는 것 같이 하나의 감각이 다른 영역의 감각(感覺)을 함께(共) 일으키는 것. 하나의 감각을 다른 감각으로 옮겨 표현한 심상

심상의 종류는 총 6가지가 있어요. 앞에서 이야기한 심상 말고도 공감각적 심상이 있지요. 예를 들어 "푸른 휘파람 소리"는 '휘파람 소리'라는 청각을 '푸른'이라는 시각으로 표현한 것이라고 할 수 있어요.

화자 話者

말하는 사람

 한자풀이

話 말씀 화	言(말씀 언)에 呑(입막을 괄)이 舌(혀 설)로 변형되어 합쳐진 글자입니다. '막혔던 呑(입)에서 말(言)이 나오다'라는 의미에서 '말씀'의 뜻으로 쓰여요.
者 놈/사람/ 것 자	老(늙을 로)에 白(흰/말할 백)이 더해진 글자로, 나이 드신 어른이 아랫사람을 '이놈 저놈'이라고 부른다 해서 '사람'을 의미하거나, '이것저것' '이곳저곳'을 지칭한다 해서 '~하는 것' '~하는 곳'을 의미합니다.

이야기하는(話) 사람(者)을 '화자'라고 해요.

소설에서 화자는 1인칭인 '나' 또는 3인칭인 '작가'일 수 있습니다. 시에서 이야기하는 사람은 '시적 화자' '시적 자아' '서정적 자아'라고 부르는데 겉으로 드러나기도 하고 숨어 있기도 해요. 말하는 사람이 드러나지 않는다면 보통 작가가 화자라고 볼 수 있습니다. 시어(詩語) 중에 '나' '내' '우리' 등의 표현이 있으면 시적 화자가 겉으로 드러난 것이죠.

🖋 어떻게 사용할까요?

'시적 화자'가 누구인지를 알아야 하는 이유는 시적 화자에 따라서 시의 내용과 분위기가 달라지기 때문입니다. 화자가 겉으로 드러나면 정서를 좀더 직접적으로 전달할 수 있고 겉으로 드러나지 않으면 객관적인 태도를 느낄 수 있습니다.

중학교 『국어 3』, 85쪽

정서(情緖)[뜻 정, 실마리 서]: 마음이 작용한 뜻(情)의 실마리(緖)로 사람의 마음에 일어나는 여러 가지 감정 또는 그 감정을 불러일으키는 기분이나 분위기

정서는 감정(感情)과 비슷한 의미로 해석할 수 있어요. 따라서 '시적 화자의 정서'는 시상(詩想)[글 시, 생각 상: 시에 나타난 사상이나 감정]이나 주제(主題)[주인 주, 제목 제: 주요 제목]로 볼 수 있답니다.

경청 傾聽

귀담아 들음

🔍 한자풀이

傾
기울 경

亻(사람 인)에 頃(이랑/잠깐 경)이 합쳐진 글자로 '밭이랑에서 김매는 사람(亻)이 고개를 잠깐(頃) 기울이다'라는 의미에서 '기울다'의 뜻으로 쓰여요.

聽
들을 청

耳(귀 이)에 壬(곧을 정)과 悳[直(곧을 직)의 변형]에 心(마음 심)이 합쳐진 글자로, 공직(公職)에 있는 사람은 '곧은(悳) 마음(心)으로 곧게(壬) 들어야(耳) 한다'는 뜻이에요. 참고로 聽(들을 청)에 广(집 엄)이 더해지면 '국가의 사무를 집행하는 관청'이라는 뜻의 '廳(관청 청)'이 된답니다.

귀를 기울여(傾) 듣는(聽) 것을 '경청'이라고 해요.

傾(기울 경)은 비스듬하게 한쪽이 낮아져 기울어진 것을 말해요. 예를 들어 오르기 힘든 산을 '경사(傾斜)[기울 경, 비낄 사: 기울기]가 가파르다'라고 하잖아요. 이럴 때 '경(傾)'을 사용해요. 혹시 '경국지색(傾國之色)'이란 말을 들어보았나요? 뛰어나게 아름다운 여인이라는 의미로 임금을 유혹해 나라를 기울일 수 있을 정도의 미인이라는 뜻이에요. 여기에서의 '경(傾)'은 마음이나 생각이 어느 한쪽으로 비스듬히 쏠리는 것을 뜻하죠. 정리하자면 '경청'은 몸을 비스듬히 하고 귀를 기울여 주의 깊게 듣는 것을 말합니다.

✏️ 어떻게 사용할까요?

모두들 조용히 경청하는 가운데 배 선생의 차분한 말소리가 가랑비처럼 밤의 운동장을 적시고 있었다.

윤흥길, 『묵시의 바다』

"나는 수년 동안 미학적인 관점에서 그 코에 관해 연구를 하였는바, 그 일부를 피력할 터인즉 두 분의 경청을 바라는 바이올시다."

주인은 너무나 갑작스러워 얼이 빠졌는지, 아무 말도 못하고 그저 멍하니 메이테이 선생을 보고 있다.

나쓰메 소세키, 『나는 고양이로소이다』

📖 관련 어휘 파헤치기

시청(視聽)[볼 시, 들을 청]: 눈으로 보고(視) 귀로 들음(聽)

방청(傍聽)[곁 방, 들을 청]: 직접적인 관계가 없는 사람이 회의나 토론, 공판 등을 곁(傍)에서 들음(聽)

시점 視點

보는 점

🔍 한자풀이

視
볼 시

示(보일 시)에 見(볼 견)이 합쳐져 '보다'라는 뜻으로 쓰여요.

點
점/켤/
조사할 점

黑(검을 흑)에 占(점칠 점)이 더해져 '캄캄한(黑) 미래를 점치듯(占) 찍는 점'이에요. 여기에서 '켜다' '조사하다'의 뜻으로 의미가 확장되어 쓰입니다.

어떤 대상을 볼 때 시력(視力)의 중심이 가서 닿는 곳(點)을 '시점'이라고 해요.

보통 시점은 소설에서 사건을 보는 점, 다시 말해 '이야기를 서술하는 사람 및 그 사람의 위치'를 뜻해요. 어디에서 보느냐에 따라 그 사물의 모습이 달라지듯이 시점이 다르면 같은 사건이라도 다른 느낌으로 전달할 수 있답니다.

✏️ 어떻게 사용할까요?

> 소설작품에서 이야기를 전달하는 사람을 '서술자(敍述者)'라고 해. 서술자에 따라 소설의 내용과 분위기는 다양하게 전달되지. 이때 서술자는 작품 속의 등장인물일 수도 있고, 작품 밖의 작가일 수도 있어.
>
> 중학교 『국어 3』, 95쪽

서술자의 위치에 따라 소설 속 등장인물인 '나'로 나타나면 1인칭 소설, 소설 이야기를 바깥에서 사건을 바라보고 있으면 3인칭 소설이라고 해요. 서술자의 태도에 따라 주인공으로서 자신의 이야기를 하고 있으면 '1인칭 주인공 **시점**', 관찰자 입장에서 이야기를 전달하면 '1인칭 관찰자 시점', 전지전능한 신(神)과 같이 인물과 사건에 대해서 모든 걸 다 알고 이야기하면 '전지적 작가 시점'이라고 합니다. 또한 소설 바깥에서 관찰자처럼 객관적인 태도로 이야기하면 '작가 관찰자 시점'이라고 하죠.

1인칭 주인공 시점은 1인칭인 '나'가 소설에 직접 나와서 이야기하기 때문에 주인공의 생각과 마음이 생생하게 그려져요. 이와 달리 1인칭 관찰자 시점은 '나'가 이야기를 서술한다는 점에서 1인칭 주인공 시점과 같지만, '나'가 주인공은 아닙니다. '나'는 주인공의 심리를 제한적으로 드러내어 긴장감을 조성하죠.

전지적 작가 시점에서 이야기를 하는 사람은 '작가'입니다. 작가는 마치 신(神)처럼 모든 것을 알고 이야기하죠. 등장인물의 전반적인 모습을 제시할 수 있지만 독자의 상상력을 제한하기도 해요. 등장인물의 심리를 묘사하는 부분이 있으면 전지적 작가 시점이라 볼 수 있답니다. 작가 관찰자 시점은 전지적 작가 시점처럼 작가가 서술하지만, 모든 것을 다 알고 있지는 못해요. 오직 겉으로 드러나는 사건만 이야기하는 방식을 말하죠. 독자의 상상력을 자극할 수 있으나 등장인물의 심리를 보여주는 데 어려움이 있답니다.

전지적(全知的)[모두 전, 알 지, 것 적]: 전부 다(全) 아는(知) 것(的). 사물과 현상의 모든 것을 다 알거나 또는 아는 그 자체를 말함

상상력(想像力)[생각 상, 형상 상, 힘 력]: 실제로 경험하지 않은 현상이나 사물(像)에 대해 마음속으로 생각해보는(想) 능력(能力)

📖 관련 어휘 파헤치기

관점(觀點)[볼 관, 점 점]: 사물이나 현상을 관찰할 때, 그 사람이 보고(觀) 생각하는 태도나 방향(點)

> 시점(視點)과 비슷한 뜻을 가지고 있습니다. 하지만 시점이 '바라보는 위치', 즉 바라보는 '주체'의 의미가 강하다면 관점은 바라보는 사람의 '태도'의 의미가 강하답니다.

쟁점(爭點)[다툴 쟁, 점 점]: 논쟁(論爭)의 중심이 되는 점(點)

> 다투는 데는 이유가 있어요. 어떤 부분에 대한 생각이 다르기 때문에 다툼이 생기죠. 이렇게 '서로 다른 생각을 갖고 있는 부분', 그래서 토론이 생기는 부분을 '쟁점'이라고 해요. 토론을 하기 위해서는 쟁점 사항부터 서로 확인해야 하겠죠?

초점(焦點)[탈/태울 초, 점 점]: 광선을 모아 태우는(焦) 점(點). 사람들의 관심이나 시선이 집중되는 사물의 중심이나 문제점

점철(點綴)[점 점, 이을 철]: 여러 점(點)들이 서로 이어짐(綴)

점등(點燈)[켤 점, 등잔 등]: 등잔(燈)에 불을 켬(點)

점검(點檢)[조사할 점, 검사할 검]: 낱낱이 조사해(點) 검사함(檢)

서정 敍情/抒情

감정의 흐름에 젖어들어 펴는 것

🔍 한자풀이

敍
펼/서술할 서

舍(집 사)에 八(여덟/나눌 팔)이 더해지고 攴(칠 복)이 합쳐진 글자예요. '집(舍)에 모인 사람들을 늘어서(八) 줄서게 시키다(攴)'에서 '펴다' '차례대로 서술하다'의 뜻으로 의미가 확장되어 쓰입니다.

情
뜻/사정 정

靑(푸를 청)에 忄[心(마음 심)의 변형]이 더해져 '푸른(靑) 하늘같은 마음(忄)의 뜻'을 가져요. 사정(事情)의 의미로 쓰이네요.

자기의 감정(感情)을 말이나 글로 펴서(敍) 나타내는 것을 '서정'이라고 합니다.

서정은 마음이 작용한 뜻(情)을 서술(敍述)하는 것이죠. 그러니까 서정시는 시인의 느낌과 정서를 드러낸 시를 말한답니다.

✏️ 어떻게 사용할까요?

엄마야 누나야   김소월

엄마야 누나야, 강변 살자.

뜰에는 반짝이는 금모래 빛,

뒷문 밖에는 갈잎의 노래,

엄마야 누나야, 강변 살자.

이 시에서 **서정**적 자아는 누구일까요? 서정적 자아(自我)[스스로 자, 나 아: 나 자신]는 시에서 감정을 전달하는 주체, 다시 말해 주인공을 말해요. 시적 화자, 시적 자아도 같은 걸 의미하죠. 시에서는 시를 지은 시인이 서정적 자아가 될 수도 있고, 시인의 마음을 표현하기 위해 창조된 허구적 인물이 될 수도 있습니다. 이 시에서는 한 남자아이라고 할 수 있겠네요.

또한 "반짝이는 금모래 빛" "갈잎의 노래" 등은 서정적 표현이에요. 느낌이나 감정을 표현하는 것이니까요. 반면 <u>서사</u>적 표현은 있는 그대로

의 사실을 서술하는 표현입니다. 예를 들어 강변의 풍경을 보며 "모래가 쌓여 있다." "갈대밭이 펼쳐져 있다."라고 이야기하는 것이죠.

서사(敍事)[펼/서술할 서, 일 사]: 사실(事實)이나 사건(事件)을 시간순으로 적음(敍)

　　일을 있는 그대로 서술한 것이에요. 신문 기사를 대표적 서사글로 꼽을 수 있죠. 기자는 육하원칙(누가·언제·어디서·무엇을·어떻게·왜)에 따라 '사실 그대로' 기사를 작성합니다. 참고로 사(事)는 史(역사 사)에 之(갈 지)가 합쳐져 '역사를 기록해 나가는 일'의 뜻으로 쓰여요. 따라서 서사시는 영웅의 일대기나 역사적 사건 등을 소재로 한 시입니다.

서술(敍述)[펼 서, 지을 술]: 어떤 사실을 펴서(敍) 차례대로 적음(述)

📖 관련 어휘 파헤치기

정경(情景)[뜻 정, 볕/경치 경]: 마음(情)에 감흥을 불러일으킬 만한 경치(景致)나 장면. 다시 말해 어떤 정서나 감정을 일으키는 경치

　　보통 신문에서 나오는 정경(政經)[정사 정, 지날 경]은 '정치(政治)와 경제(經濟)'를 이르는 말로 문학작품에서의 정경(情景)과는 완전히 다른 말이에요.

선경후정(先景後情)[먼저 선, 볕/경치 경, 뒤 후, 뜻 정]: 먼저(先) 경치(景)를 묘사하고 나중에(後) 그 정서(情)를 표현하는 방식

정보(情報)[사정 정, 알릴 보]: 사정(情)에 대한 보고(報)

사정(事情)[일 사, 사정 정]: 일(事)의 형편이나 정황(情)

감정(感情)[느낄 감, 사정 정]: 느끼어(感) 일어나는 심정(情)

산문 散文

흩뜨린 글

🔍 한자풀이

散
흩어질 산

朮[麻(삼 마)의 변형]가 月[肉(고기 육)의 변형]에 올라가 삼대(삼의 줄기)를 고기처럼 칼집을 내고 껍질을 벗기려 치는(攵)[攴(칠 복)의 변형] 모양의 글자예요. 삼껍질을 벗기면 흩어지며 갈라지기 때문에 '흩어지다'는 뜻으로 쓰이죠.

文
글월 문

사람 몸에 새긴 문신 모양을 본뜬 글자로, '문자'나 '글'을 뜻해요.

형식에 얽매이지 않고 자유롭게 흩뜨려(散) 쓴 글(文)이 '산문'이에요.

산문은 운율과 같은 외형적 규범에 얽매이지 않고 자유로운 문장으로 쓴 글로, 소설이나 수필, 희곡·시나리오 등을 말합니다.

✎ 어떻게 사용할까요?

산문문학에는 현실 세계에 있을 법한 일을 작가가 상상해 꾸며 쓴 이야기인 소설과 일상생활 속에서 경험한 일이나 거기에서 얻은 생각과 느낌 등을 자유롭고 솔직하게 쓴 수필, 무대 상연을 목적으로 쓴 연극의 대본인 희곡, 그리고 영화나 드라마 상영을 목적으로 쓴 시나리오 등이 있습니다.

소설(小說)[작을 소, 말씀 설]: '작은(小) 이야기(說)'라는 뜻으로 사실 또는 작가의 상상력을 바탕으로 쓰인 허구적 이야기

수필(隨筆)[따를 수, 붓 필]: 붓(筆) 따라(隨) 가는 대로의 의미

일정한 형식 없이 인생이나 자연 또는 일상생활에서의 느낌이나 체험을 생각나는 대로 쓴 글이에요. 자신이 생각하고 느끼고 경험한 거의 모든 것을 소재로 자유롭게 썼기 때문에 '붓이 가는 대로 따라 쓴 글'이라고 한 것이죠.

희곡(戲曲)[희롱할/연극 희, 굽을 곡]: 연극(戲)을 목적으로 왜곡됨(曲) 없이 쓴 글

💡 응용해볼까요?

우리가 많이 읽는 소설의 특징은 무엇이 있을까요? 허구성 · 모방성 · 서사성 · 진실성 · 예술성 등 5가지를 꼽을 수 있겠네요.

허구성(虛構性)[빌 허, 얽을 구, 성질 성]: 사실이 아닌 것(虛)을 사실처럼 얽어(構) 만드는 성질(性質)

소설의 대표적 특징으로 현실에 있음직한 일을 작가의 상상력을 바탕으로 꾸며 내는 것을 말해요.

모방성(模倣性)[본뜰 모, 본받을 방, 성질 성]: 본떠(模) 본받는(倣) 성질(性質)

허구의 문학이지만 현실 세계를 본뜨거나 반영한다는 뜻입니다.

서사성(敍事性)[차례/서술할 서, 일 사, 성질 성]: 사실(事)을 있는 그대로 쓰는(敍) 성질(性質)

인물·사건·배경을 바탕으로 사건이 인과(因果: 원인과 결과)관계에 따라 전개되는 것을 말해요.

진실성(眞實性)[참 진, 열매/실제 실, 성질 성]: 거짓이 아닌(眞) 실제 사실(實)의 성질(性質)

예술성(藝術性)[재주 예, 재주 술, 성질 성]: 기예(藝)와 학술(術)의 성질(性質)

문체와 인물 또는 사건 구성 등을 통해 예술적인 아름다움을 드러내는 것을 말하죠.

수필은 어떤 형식으로든 자유롭게 쓸 수 있고, 다양한 소재를 통해 글쓴이가 겪은 일을 솔직하게 쓰기에 고백적이며, 글쓴이의 성품이나 인생관이 분명하게 드러나서 개성적인 글이고, 누구나 쓸 수 있기 때문에 비전문적이며, 사물이나 인생을 바라보는 글쓴이만의 깨달음이 담겨 있어 사색적입니다. 이러한 수필은 글쓴이의 태도에 따라 경수필과 중수필로 나눌 수 있어요.

고백적(告白的)[알릴 고, 흰/말할 백, 것 적]: 마음속에 숨기고 있던 것을 알려(告) 털어놓는(白) 것(的)

개성적(個性的)[낱 개, 성질 성, 것 적]: 사람마다(個) 지닌 남과 다른 특성(性) 같은 것(的)

글쓴이의 성품, 인생관 등의 개성이 분명하게 드러나는 것을 말하죠.

비전문적(非專門的)[아닐 비, 오로지 전, 문 문, 것 적]: 어떤 분야에 상당한 지식과 경험을 가지고 '오로지(專) 그 분야(門)만 맡는 것(的)이 아니다(非)'라는 뜻

전문가만이 아닌 누구나 쓸 수 있는 글이라는 뜻이에요.

사색적(思索的)[생각 사, 찾을 색, 것 적]: 생각해(思) 파고들어 찾아보는(索) 것(的)

사물이나 인생을 바라보는 글쓴이만의 깨달음이 담겨 있어요.

경수필(輕隨筆)[가벼울 경, 따를 수, 붓 필]: 일상생활에서 일어난 일을 소재로 가볍게(輕) 쓴 수필(隨筆)

중수필(重隨筆)[무거울 중, 따를 수, 붓 필]: 사회문제와 같은 무거운(重) 내용을 소재로 해 논리적으로 쓴 수필(隨筆)

문체(文體)란 소설이나 수필 등에서 사용한 작가만의 독특한 글투나 표현 방식이에요. 작가의 개성이 가장 잘 드러난다고 할 수 있죠.

① 문장의 길이에 따라 구분해요! 간결체 ↔ 만연체

- 간결체(簡潔體)[간단할 간, 깨끗할 결, 몸/문체 체]: 간단하고(簡) 깔끔한(潔) 문장으로, 내용을 명쾌하게 표현하는 문체(體)

- 만연체(蔓延體)[덩굴 만, 끌/퍼질 연, 몸/문체 체]: 덩굴(蔓)이 자라 널리 퍼지듯이(延) 많은 어구를 이용해 같은 말을 되풀이하고, 덧붙이고, 꾸미고, 설명함으로써 문장을 길게 표현하는 문체(體)

② 부드러운가 강한가에 따라 구분해요! 우유체 ↔ 강건체

- 우유체(優柔體)[넉넉할/부드러울 우, 부드러울 유, 몸/문체 체]: 문장을 우아하고(優) 부드럽게(柔) 표현한 문체(體)

- 강건체(剛健體)[굳셀 강, 튼튼할 건, 몸/문체 체]: 표현이 굳세고(剛) 꿋꿋해(健) 힘이 느껴지는 문체(體)

③ 꾸미는 말이 적은가 많은가에 따라 구분해요! 건조체 ↔ 화려체

- 건조체(乾燥體)[하늘/마를 건, 마를 조, 몸/문체 체]: 물기가 없어 메말라(乾=燥) 있듯이 무뚝뚝한 글로, 꾸미는 표현이 적고 오직 내용 전달만을 목적으로 하는 문체(體)

- 화려체(華麗體)[빛날 화, 고울 려, 몸/문체 체]: 빛나고(華) 아름다운(麗) 문장으로 써 매우 찬란하고 화려하며 음악적인 리듬이 느껴지는 문체(體)

갈등 葛藤

칡덩굴과 등나무덩굴

🔍 한자풀이

칡 갈

曷(구걸할/어찌 갈)에 艹(풀 초)가 더해져 구걸하듯(曷) 덩굴을 뻗는 풀(艹)로 '칡'을 가리키는 글자예요.

등나무 등

朕(조짐/나 짐)에 艹(풀 초)와 氺[水(물 수)의 변형]가 합쳐진 글자입니다. 구부러져(朕) 물(氺)을 찾아 덩굴을 뻗는 풀(艹)로 '등나무'를 뜻하죠.

칡(葛)덩굴과 등나무(藤)덩굴이 서로 뒤얽힌다는 의미로, 구불구불 굽게 자라는 덩굴에 비유한 '풀기 어려운 관계'를 '갈등'이라고 해요.

칡과 등나무는 곧게 자라지 않고 구불구불 굽게 자라요. 이 모습처럼 갈등은 '개인 간에 또는 집단 간에 서로 합의되는 부분이 없어 틀어진 상태'를 말합니다. 그러니까 소설이나 희곡에서 등장인물 사이에 일어나는 대립과 충돌을 이르는 말이죠.

특히 문학작품에서 이야기를 '극적'으로 보여주기 위해서 주인공이 시련과 고난을 겪는 일이 많아요. 보통 작품에 나오는 시련은 다른 사람과의 갈등이나 시대 상황과의 갈등이에요. 예를 들어 『춘향전』에서 일어나는 춘향이와 변 사또의 갈등은 개인 간의 갈등이고, 『홍길동전』에서 큰 뜻을 이루고 싶은 홍길동과 서자(첩의 자식)를 무시하는 사회 분위기와의 갈등은 주인공과 시대 상황과의 갈등이라고 할 수 있어요.

✎ 어떻게 사용할까요?

소설과 희곡은 그 내용적인 측면에서는 공통점이 있으나 형식적인 면에서 차이점이 있습니다. 공통점은 다음과 같습니다.

1. 허구의 문학입니다. 작가의 상상력으로 탄생한 가공의 이야기로 우리가 살고 있는 세계에서 실제 있을 법한 일을 다룬 진실성이 있습니다.

2. 갈등의 문학입니다. 모두 등장인물의 갈등을 통해 이야기가 전개됩니다. 이 갈등을 통해 독자와 관객은 재미와 교훈을 얻습니다.

3. 인물·사건·배경으로 구성됩니다. 주제를 드러내기 위해 인물·사건·배경이라는 구성요소를 가집니다.

차이점은 다음과 같습니다. 소설은 주로 서술자의 설명이나 묘사를 통해서 갈등이 전달되지만, 희곡은 인물의 대사와 행동을 통해 관객이 파악해야 합니다.

중학교 『국어 3』

가공(架空)[시렁/건너지를 가, 빌 공]: 공중(空)에 건너지르다(架)라는 뜻으로, 거짓이나 상상으로 꾸며냄

묘사(描寫)[그릴 묘, 베낄 사]: 그려서(描) 베낀다(寫)는 뜻으로, 어떤 대상이나 사물, 현상을 언어로 서술하거나 그림을 그려 표현하는 것

> 서사(敍事)가 있는 일(事)을 그대로 서술하는(敍) 것이라면, 묘사는 그 일을 구체적으로 상상할 수 있도록 그림을 그리듯 서술하는 것이에요. 드라마나 영화는 있는 그대로 잘 찍어서 보여주면 되지만, 글로 되어 있는 소설이나 시는 전달하고 싶은 장면을 구체적이고 생동감 있게 전달하기 위해서 묘사를 사용하죠. 참고로 풍경이나 사물뿐만 아니라 등장인물의 내면 심리도 묘사의 대상이 될 수 있답니다.

대사(臺詞)[대/무대 대, 말씀 사]: 배우가 무대(臺) 위에서 하는 말(詞)

파악(把握)[잡을 파, 쥘 악]: 손에 잡아(把) 쥔다(握)는 뜻으로, 어떤 일을 잘 이해해 확실하게 아는 것

🔆 응용해볼까요?

극적(劇的)[심할/연극 극, 것 적]: 연극(劇)과 같은 것(的)

'극'은 연극이나 영화, 드라마 등을 말해요. 여자 주인공이 불치병에 걸리거나, 남자 주인공이 폭력배에게 얻어맞는 장면 등은 현실에서는 보

기 힘들지만 영화나 드라마에서는 쉽게 볼 수 있죠. 누군가의 가족이
반대해서 갈등을 일으키는 장면도 자주 나와요. 이런 장면이 나오는
이유는 두 주인공의 사랑을 더 극적으로 표현하기 위해서입니다. 이렇
게 이야기에 굴곡(위기·시련)을 넣어 더 재미있게, 더 감동적으로 보이
게 하는 것을 '극적'이라고 한답니다.

풍자 諷刺

가장자리를 쳐서 찌름

 🔍 **한자풀이**

言(말씀 언)에 風(바람 풍)이 합쳐져 '말하기(言)를 바람(風)처럼 하다'라는 뜻이에요. '노래 가사를 바람처럼 막힘없이 외운다'는 뜻에서 '넌지시 비추다'는 의미로 확장되어 쓰입니다.

諷
욀/변죽울릴 풍

束(가시 자)에 刂[刀(칼 도)의 변형]가 더해져 '가시(束)나 칼(刂)로 찌르다'라는 뜻으로 쓰여요.

刺
찌를 자

변죽을 울려(諷) 찌르다(刺)는 의미로, 남의 결점을 다른 것에 빗대어 비웃는 것을 '풍자'라고 합니다.

변죽은 그릇이나 물건의 가장자리를 말해요. 그러니까 변죽을 울린다는 말은 그릇의 한복판을 치지 않고 가장자리를 쳐서 복판을 울리게 하는 것이죠. 따라서 변죽 울린다는 뜻의 풍(諷)은 본론을 바로 말하지 않고 사물의 핵심을 다른 것에 빗대어 변죽을 치듯이 빙 둘러 말함으로써 간접적으로 알아차리게 한다는 의미예요. 찌른다는 뜻을 가진 자(刺)는 '꾸짖고 비난하다'는 의미고요. 즉 풍자는 현실의 문제점을 우스꽝스럽게 표현해 비난하고 조롱(嘲弄)[비웃을 조, 희롱할 롱: 비웃거나 깔보면서 놀림]하는 것입니다.

✎ 어떻게 사용할까요?

작가의 의도를 찾아서

부정적 대상을 비웃는 풍자, 말하고자 하는 의도와 반대로 표현하는 반어, 모순된 표현처럼 보이지만 그 속에 진실을 담고 있는 역설은 작가의 태도가 특히 강조되는 표현방식입니다.

중학교 『국어 6』, 12쪽

반어(反語)[반대할 반, 말씀 어]: 반대로(反) 하는 말(語) ▶73쪽 참조

역설(逆說)[거스를 역, 말씀 설]: 이치를 거스르는(逆) 말(說) ▶76쪽 참조

만평은 만화를 통해 인물이나 사회를 풍자적으로 <u>비평</u>한 것입니다.

중학교 『국어 6』, 32쪽

비평(批評)[칠 비, 평론할 평]: 쳐(批)보고 평론(評論)하다의 뜻으로, 사물의
좋고 나쁨, 옳고 그름을 분석해 가치를 논함

> 비평과 비슷한 뜻을 가진 것 같지만 다른 단어들이 있어요. 바로 비난과
> 비판이죠. 여기에서 확실히 알아봅시다.
> - **비난(非難)[아닐/나무랄 비, 어려울/꾸짖을 난]:** 나무라고(非) 꾸짖는다(難)는
>   뜻으로, 남의 잘못이나 결점을 책잡아서 나쁘게 말하는 것
> - **비판(批判)[칠 비, 판가름할 판]:** 비평해(批) 판단한다(判)는 뜻으로, 어떤 것
>   에 대해 무조건 긍정하거나 부정하는 것이 아니라 옳고 그름을 따져
>   봄. 비판은 논리적이지만 비난은 논리적이지 못함

💡 응용해볼까요?

풍유법(諷諭法)[변죽울릴 풍, 깨우칠 유, 법 법]: 풍자적(諷)으로 비유하는(諭)
수사법(法)

본뜻을 숨기고 숨겨진 뜻을 암시하는 비유법이에요. 속담이나 격언 등
이 이에 해당하죠.

해학(諧謔)[화할/농담 해, 희롱할 학]: 익살맞은(諧) 농담(謔)으로 현실의 상황을 웃기게 표현하는 것

해(諧)는 '서로 뜻이 맞아 사이좋은 상태가 되는 것'을 말해요. 즉 현실을 우스꽝스럽게 표현하되 공격적이거나 냉소적이지 않죠. 이에 반해 '풍자'의 자(刺)는 현실의 문제점을 우스꽝스럽게 표현해 '비난하고 조롱하는 것'이에요. 그러니까 '해학'과 '풍자'를 구분하려면 문장의 어조나 말투를 잘 살펴봐야 합니다.

놀부 심사를 볼작시면, 초상난데 춤추기, 불붙는데 부채질하기, 해산한데 개닭 잡기, 우는 아이 볼기치기, 갓난아기 똥 먹이기, 무죄한 놈 뺨치기, 빗값에 계집 뺏기, 늙은 영감 덜미 잡기, 아해 밴 계집 배차기, 우물 밑에 똥누기, 오려논에 물 터놓기, 자친 밥에 돌퍼붓기, 패논 곡식 이삭 자르기, 논두렁에 구멍뚫기, 호박에 말뚝박기, 곱사등이 엎어놓고 발꿈치로 탕탕치기…

『흥부전』에서 심술 사나운 놀부의 성격을 묘사한 대목이에요. 어쩐지 웃음이 나지 않나요? 누구보다 심술궂은 행동을 해서 당연히 미워해야 할 인물의 행동을 희화화함으로써 부드럽게 받아들이게 하죠. 이것이 바로 해학이랍니다.

반어 反語

반대로 하는 말

핵심 개념어

🔍 한자풀이

反
뒤집을/돌이킬/되돌릴/도리어/반대할 반

厂(굴바위 엄)과 又(오른손/또 우)가 합쳐진 글자예요. '바윗돌(厂)을 손(又)으로 뒤집다'의 뜻에서 '돌이키다' '되돌리다' '도리어' '반대하다' 등으로 의미가 확장되어 쓰입니다.

語
말씀 어

言(말씀 언)에 吾(나 오)가 더해져 '내(吾)가 하는 말(言)'을 의미하며, '말씀'의 뜻으로 쓰여요.

표현하려는 뜻과는 반대되는(反) 말(語)을 '반어'라고 합니다.

못난 사람에게 "잘났어, 정말!"이라고 말하는 것을 들어본 적이 있을 거예요. 이렇게 실제와는 반대로 하는 이야기를 '반어'라고 해요. 마음속에 떠오른 생각을 강조하거나 효과를 높이기 위해서 이렇게 표현해요.

🖋 어떻게 사용할까요?

진달래꽃   김소월

나 보기가 역겨워

가실 때에는

말없이 고이 보내 드리우리다

영변에 약산 ―

진달래꽃

아름 따다 가실 길에 뿌리우리다

시에서 겉으로는 '님'과 언제 이별하더라도 상관없다는 태도를 보이지만, 이런 태도와는 정반대로 어떠한 일이 있어도 결코 '님'을 보내고 싶지 않다는 생각이 감춰져 있어요. 이렇듯 '머릿속의 생각'과 '실제로 말한 것'이 반대인 경우를 **반어**라고 한답니다.

📖 관련 어휘 파헤치기

반대(反對)[뒤집을 반, 대답할/맞설 대]: 뒤집어져(反) 맞서(對) 있음

반성(反省)[돌이킬 반, 살필 성]: 스스로를 돌이켜(反) 살핌(省)

반목(反目)[되돌릴 반, 눈 목]: 눈(目)길을 돌림(反)

적반하장(賊反荷杖)[도둑 적, 도리어 반, 멜 하, 몽둥이 장]: 도둑(賊)이 도리어
(反) 몽둥이(杖)를 듦(荷). 잘못한 사람이 도리어 잘한 사람을 나무랄 경
우에 씀

역설 逆說

겉으로 모순되어 보이나 그 속에 진리가 있음

🔍 한자풀이

거스를 역

屰(거스를 역)에 辶(길갈 착)이 더해져 '반대로 가서(辶) 거스르다(屰)'라는 뜻으로 쓰여요.

말씀 설

言(말씀 언)에 兌(바꿀 태/기쁠 열)이 합쳐져 '듣고 기뻐하는(兌) 말씀(言)'이라는 뜻입니다.

세상의 이치를 거스르는(逆) 말(說)을 '역설'이라고 해요.

'거스르다'라는 것은 물이 위에서 아래로 흐르는 것과 같은 세상의 이치를 부정한다는 의미예요. 역설은 겉으로 드러난 문장의 앞뒤가 어긋나서 서로 맞지 않는 것이죠. 앞에서 설명했던 반어는 머릿속의 생각과 겉으로 표현된 문장이 반대이므로 속뜻을 생각해봐야 하지만, 역설은 속뜻을 생각해볼 필요도 없이 문장 자체에 모순이 있음을 볼 수 있어요. 이렇게 모순된 문장을 쓰는 이유는 무엇일까요? 읽는 이는 이치에 맞지 않은 문장을 보고 "이상하네?"라고 생각하게 될 거예요. 이렇게 궁금증을 유발해 글쓴이가 전달하려는 진정한 의미를 스스로 깨닫게 하기 위함이죠. 다시 한 번 강조하지만 역설이란 겉보기에는 모순되는 것 같으나 그 속에 중요한 진리가 담겨 있는 것을 뜻한답니다.

✎ 어떻게 사용할까요?

두 바퀴로 가는 자동차   김광석

두 바퀴로 가는 자동차 네 바퀴로 가는 자전거

물속으로 나는 비행기 하늘로 나는 돛단배

복잡하고 아리송한 세상위로 오늘도 애드벌룬 떠 있건만

포수에게 잡혀온 잉어만이 한숨을 내쉰다.

중학교 『국어 6』, 42쪽

여기에서는 '자동차'와 '자전거', '비행기'와 '돛단배'를 **역설**적으로 말했네요. 이런 모순된 표현으로 상식이 통하는 사회가 되기를 바라는 글쓴이의 의도가 함축되어 있다고 볼 수 있답니다.

모순(矛盾)[창 모, 방패 순]: 창(矛)과 방패(盾)로, '두 사실이 이치상 어긋나서 서로 맞지 않음'을 이르는 말

중국 춘추전국시대 때 초나라의 상인이 창과 방패를 팔면서 "이 창은 어떤 방패로도 막지 못하는 창이요, 이 방패는 어떤 창으로도 뚫지 못하는 방패입니다."라고 했어요. 이처럼 앞뒤가 맞지 않은 말을 했다는 데서 유래한답니다.

함축(含蓄)[머금을 함, 쌓을 축]: 속에 품고(含) 쌓아(蓄)둔다는 의미로, 풍부한 내용이나 깊은 뜻이 들어 있는 것

설명 說明

밝혀서 말함

🔍 한자풀이

말씀 설

言(말씀 언)에 兌(바꿀 태/기쁠 열)이 합쳐져 '듣고 기뻐하는(兌) 말씀(言)'이라는 뜻으로 쓰여요.

밝을 명

日[冏(빛날 경)의 변형]에 月(달 월)이 더해져 '창문에 비친 달빛(月)이 빛난다(日)', 즉 '밝다'의 뜻이에요.

어떤 일을 이해하기 쉽도록 밝혀서(明) 말하는(說) 것을 '설명'이라고 합니다.

설명은 어떤 일이나 대상의 내용을 상대방이 잘 알 수 있도록 밝혀 말하는 것을 뜻해요. 보통 교과서에 나오는 비문학 지문은 크게 설명문과 논설문으로 나눌 수 있습니다. 논설문은 글쓴이가 무엇인가를 주장함으로써 독자를 설득하는 것을 목적으로 쓴 글이라면, 설명문은 독자가 이해하기 쉽게 정보를 전달하는 목적으로 쓴 글이랍니다.

✎ 어떻게 사용할까요?

설명하면 달라져요

설명하는 글은 우리가 일상생활과 학습 상황에서 가장 많이 대하는 글 중의 하나이다. 설명하는 글에는 정의, 예시, 분류, 분석, 비교, 열거, 인과 등의 다양한 설명 방식이 사용되기 때문에, 글을 통해 필요한 지식을 얻고 활용하기 위해서는 이런 설명 방식에 대한 이해가 필요하다.

중학교 『국어 2』, 58쪽

정의(定義)[정할 정, 옳을/뜻 의]: 뜻(義)을 명확히 규정(規定)함

어떤 것의 뜻을 정해 그것의 명확한 의미를 결정하는 것이예요. 이렇듯 '결정하는 것'이기 때문에 '정의'는 사람들이 '정한 것'이지, 원래부터 '그러한 것'은 아니예요. 즉 "A는 B이다."라는 형식으로 정하는 것입니다. 따라서 정의가 사용되었는지 아닌지는 위와 같은 형식의 문장이 있는지 확인하면 됩니다.

수학을 잘하려면 개념 정의가 중요하다고 합니다. 그 이유는 수학 개념이 원래부터 있었던 것이 아니라 수학자들이 정한 것이기 때문이에요. 예를 들어 정삼각형의 정의는 '세 변의 길이가 같은 삼각형'이지 '세 각의 크기가 같은 삼각형'이 아닙니다. 세 각의 크기가 같다는 것은 정삼각형의 특징 중 하나일 뿐이죠. 이처럼 수학은 개념의 정의에서 시작해요. 수학 공부를 잘 하기 위해서는 이 사실을 잊지 마세요.

🅑 정의(正義)[바를 정, 옳을 의]: 올바른 도리. 개인 간의 올바름이나 사회를 구성하고 유지하는 공정(公正)한 도리

예시(例示)[법식 례, 보일 시]: 사례(事例)를 들어 보여줌(示)

사례는 '어떤 일이 전에 실제로 일어난 예'라는 뜻이므로 일반적이지 않고 구체적입니다. 이렇게 구체적인 사례를 들어 보이는 이유는 일반적 설명이 이해하기가 어렵기 때문이죠. 보통 지문에 '예컨대' '예를 들어' 등이 있으면 예시가 사용되었다고 볼 수 있답니다.

분류(分類)[나눌 분, 무리 류]: 나누어(分)놓은 무리(類)로 사물을 공통되는 성질에 따라 종류별로 가름

분류는 어떤 것을 종류에 맞게 나누어 무리 짓는 것입니다. 구분(區分)[나눌 구, 나눌 분]은 일정한 기준에 따라 큰 개념을 작은 개념들로 나누는 것이고, 분류는 종류에 맞게 작은 개념들을 비슷한 것들로 묶어서

무리 짓는 것이죠. 영어로 '분류하다'는 'classify'입니다. 즉 학급(class) 과 같이 무리로 묶는 것을 뜻해요.

분석(分析)[나눌 분, 쪼갤 석]: 나누고(分) 쪼갬(析)

분석은 복잡하게 얽혀 있어 이해하기 힘든 것을 여러 요소나 성질에 따라 나누고 가르는 것이에요. 즉 대상을 분해해 그 부분이나 요소를 자세하게 설명하는 것이죠. 분류는 둘 이상, 분석은 하나의 사물을 가지고 전체에서 부분으로 나누어 설명하는 방법이랍니다.

비교(比較)[견줄 비, 견줄 교]: 둘 이상의 대상을 서로 대비(對比)하고 견주어보며(較) 설명하는 방법

열거(列擧)[벌일 렬, 들 거]: 여러 가지 예나 사실을 죽 벌여(列)놓아(擧) 설명하는 방법

인과(因果)[인할 인, 결과 과]: 원인(原因)이 있어 결과(結果)가 나오기 마련이고, 결과가 있으면 반드시 그 원인이 있다는 이치를 중심으로 설명하는 방법

방식(方式)[모/방법 방, 법 식]: 방법(方法)이나 형식(形式)

📖 관련 어휘 파헤치기

설득(說得)[말씀 설, 얻을 득]: 잘 설명(說明)해서 납득(納得)[들일 납, 얻을 득: 얻을 수 있도록 잘 받아들임]시킴

체득(體得)[몸 체, 얻을 득]: 몸(體)으로 체험해 알게(得) 됨

직설(直說)[곧을 직, 말씀 설]: 바른대로(直) 말함(說) 또는 그 말

규명(糾明)[살필 규, 밝을 명]: 어떤 사실을 자세하게 살펴(糾) 바로 밝힘(明)

부연(敷衍)[펼 부, 퍼질 연]: 조목조목 펼쳐서(敷) 이해하기 쉽도록 자세히 늘어놓아(衍) 설명함

상술(詳述)[자세할 상, 지을 술]: 상세(詳細)하게 설명해 말함(述)

긍정 肯定

옳다고 여김

🔍 한자풀이

肯
옳다고여길
긍

骨(뼈 골)에서 月[육달 월: 肉(고기 육)의 변형]을 빼면 '冎(살발라낼 과)'가 됩니다. 이 글자가 '止'로 변형되고, 여기에 '月(육달 월)'이 합쳐진 글자죠. 언뜻 보기에는 '止(그칠 지)'로 보이나 '冎(살발라낼 과)'가 변형되었다는 것을 알아야 글자를 제대로 이해할 수 있어요. '冎(살발라낼 과)'를 그대로 쓰고 '月(육달 월)'을 합치면 도로 골(骨)이 되니까요. 이 글자는 갈비뼈에 붙어 있는 '살코기(月)를 발라내어(冎) 즐겨 먹다'는 의미에서 '즐기다'를 뜻하게 되었어요. 여기에서 '뼈마디에 고기가 붙듯이 어떤 사람의 의견을 좇아 옳다고 여기다'로 의미가 확대되었습니다.

定
정할 정

宀(집 면)에 疋[正(바를 정)의 변형]이 더해진 글자로 '집(宀)에 기둥과 벽이 바르게(疋) 정해져 있다'고 해서 '정하다'라는 뜻이네요.

옳게 여겨(肯) 그러하다고 인정(認定)하는 것을 '긍정'이라고 해요.

긍정은 옳다고 여기는 것입니다. 즉 어떤 사실이나 생각 등을 옳다고 여기므로 '바람직하다'의 뜻으로 볼 수 있죠. 반대말인 부정(否定)[아닐 부, 정할 정]은 그렇다고 인정(認定)하지 아니(否)하는 것입니다. 여기에서 쓰는 부(否)는 不(아니 불)에 口(입 구)가 밑으로 합쳐진 글자로, '아니라고(不) 말하다(口)'는 뜻입니다. 정해진 것을 아니라고 말하는 것이니 긍정과 반대되는 의미죠.

그런데 '부정'이란 단어는 어떤 한자를 쓰느냐에 따라 뜻이 많이 다릅니다. 이번 기회에 확실하게 정리해보죠. ① "부정행위를 적발하다." "나라의 부정부패를 척결하다."라고 했을 때의 부정(不正)[아니 불/부, 바를 정]은 '올바르지(正) 아니하거나(不) 옳지 못하다'는 뜻입니다. ② "주거가 부정하다."의 부정(不定)[아니 불/부, 정할 정]은 '일정(一定)하지 않다(不)'는 뜻이네요. ③ "임신중에는 부정한 것을 멀리해야 한다." "어머니는 부정 타는 일을 막기 위해 집 앞에 소금을 뿌리곤 하셨다."에서의 부정(不淨)[아니 불/부, 깨끗할 정]은 '깨끗하지(淨) 못하다(不)'는 뜻입니다. ④ "그녀는 부정한 남편을 용서할 수 없었다." "외간 남자와 부정을 저지르다."에서는 부정(不貞)[아니 불/부, 곧을 정]입니다. 즉 '남편 또는 아내로서 정조(貞操)를 지키지 않음(不)'을 뜻하죠. ⑤ "아버지로서 자식에 대한 부정을 끊을 수는 없었다."에서 부정(父情)[아비 부, 뜻 정]은 '자식에 대한 아버지(父)의 사랑(情)'이에요. ⑥ 마지막으로 "그는 애매한 표정으로 긍정도 부정도 하지 않았다."는 여기에서 사용된 의미네요.

✐ 어떻게 사용할까요?

'안' 부정 표현

주어의 의지(意志)에 의한 부정을 표현할 때 쓰인다.

'못' 부정 표현

주어의 능력이 부족하거나 외적인 원인에 의한 부정을 표현할 때 쓰인다.

중학교 『국어 5』, 161쪽

📖 관련 어휘 파헤치기

수긍(首肯)[머리 수, 옳다고여길 긍]: 머리(首)를 끄덕여 옳다고 여김(肯)

인정(認定)[알 인, 정할 정]: 옳다고 알고(認) 정하는(定) 일

거부(拒否)[막을 거, 아닐 부]: 어떤 일을 막아(拒) 받아들이지 아니함(否)

함양 涵養

받아들여 기름

한자풀이

涵
젖을/
받아들일 함

函(상자 함)에 氵[水(물 수)의 변형]가 더해져 '상자(函) 안에 물(氵)을 담았다'라는 뜻에서 '물에 젖다' '받아들이다'라는 의미로 쓰여요.

養
기를 양

羊(양 양)에 食(먹을 식)을 받쳐 '양(羊)에게 먹이(食)를 주어 잘 기르다'라는 뜻으로 '기르다'의 의미로 쓰이는 글자네요.

배워서 아는 지식을 받아들여(涵) 기르는(養) 것을 '함양'이라고 해요.

함(涵)은 상자(函)를 물(氵)에 담가 적신다는 뜻이에요. 양(養)은 양(羊)에게 먹이(食)를 주어 기른다는 뜻이므로 '함양'은 학식을 넓혀서 심성(心性)을 닦고 능력이나 품성을 기르는 것을 말합니다.

✎ 어떻게 사용할까요?

듣기·말하기·읽기·쓰기는 학교 교육의 핵심 요소로 자리 잡고 있다. 국어과 교육 과정을 만들어 듣기·말하기·읽기·쓰기를 교육하며, 사고력과 자기 표현력 함양을 위해 체계적인 글쓰기와 독서를 권장한다.

🔆 응용해볼까요?

교양(敎養)[가르칠 교, 기를 양]: 가르침(敎)을 받아 기름(養)

배워서 아는 것을 수양(修養)한다는 뜻이에요. 문화에 대한 폭넓은 지식을 바탕으로 한 학문 활동이나 사회생활에서 사람이 갖추어야 할 품격을 말해요.

함(涵)과 비교해봐요!

- 函(상자/넣을 함): 우리가 수학에서 말하는 함수(函數)는 상자의 뜻을 가진 함(函)을 써요. 그러니까 '안에 넣어져(函) 있는 변수(變數)'예요. 즉 두 변수 x와 y 사이에, x값에 따라 y값이 정해지는 관계에서 x에 대하여 y를 이르는 말이죠. 삼각함수(三角函數)는 세 각(角)이 함수관계에 있다는 의미이고, 각 크기의 변화가 변(邊)의 길이에 영향을 준다는 것입니다.

- 含(머금을/품을 함): 함(含)은 '싸서(包) 한군데로 품는다(含)'라는 뜻이에요. '역설(逆說)'에서 공부했던 '함축(含蓄)'이란 단어에도 이 '함'자가 들어가요. '속에 품고(含) 쌓아(蓄)둠'이란 의미로 다양한 내용이나 깊은 뜻이 들어 있는 것을 의미한다고 했었죠. 고등학교에 올라가면 '함의 (含意)'라는 단어가 시험문제에 자주 나와요. '함축적(含蓄的) 의미(意味)'를 뜻하는 함의는 '내포(內包)[안 내, 쌀 포: 속에 품음]된 의미'와 같은 말이랍니다.

판단 判斷

핵심
개념어

판가름해 단정함

🔍 한자풀이

판가름할 판

半(절반 반)에 刂[刀(칼 도)의 변형]가 합쳐진 글자예요. '칼(刂)로 절반(半)을 가른다'라고 해서 시비(是非)를 '판가름하다'의 뜻입니다.

끊을 단

䌙(이을 계)에 斤(도끼 근)이 더해져 '이어 있는(䌙) 것을 도끼(斤)로 내리쳐 끊다'의 뜻으로 쓰여요.

판가름해(判) 끊는(斷) 것을 '판단'이라고 해요.

판(判)은 옳고 그름을 가려본다는 뜻이에요. 재판을 할 때 죄가 있는지를 가리는 사람을 판사(判事)라고 부르잖아요. 따라서 판단은 무엇에 대해 판가름해 생각을 단정하는 것을 말합니다.

✏ 어떻게 사용할까요?

미래는 예측할 수 없다고 단정하지만 사실은 그렇지 않다. 절대적으로 확신할 수는 없지만 어느 정도 예상할 수 있는 높은 확률이 존재하기 때문이다. 100년 후에도 지구는 태양 주변을 돌고 있을 것이고, 뉴턴이 발견한 중력의 법칙도 변하지 않는 진리로 남아 있을 것이다. 하지만 사람들은 자신의 주관적 판단에 따라 일을 결정한다. 그렇기 때문에 개인의 결정은 예측하기 어렵다.

예측(豫測)[미리 예, 헤아릴 측]: 미리(豫) 헤아려(測) 짐작함

단정(斷定)[끊을 단, 정할 정]: 자르듯이(斷) 분명한 태도로 결정(決定)함

절대적(絕對的)[끊을 절, 대할/맞설 대, 것 적]: 맞설(對) 만한 것이 끊어져(絕) 없는 것(的)

확률(確率)[굳을 확, 비율 률]: 어떤 일이 일어날 확고한(確) 비율(率)

결정(決定)[결정/결단할 결, 정할 정]: 결단(決斷)을 내려 확정(確定)함

📖 관련 어휘 파헤치기

판결(判決)[판가름할 판, 결정/결단할 결]: 판단해(判) 결정함(決). 법원에서 어떤 소송 사건을 법률에 따라 판단을 내림

평판(評判)[평론할 평, 판가름할 판]: 비평해(評) 옳고 그름을 판가름함(判). 세상에 널리 퍼진 소문이나 명성

단절(斷絕)[끊을 단, 끊을 절]: 어떤 관계나 교류를 끊음(斷=絕)

논증 論證

논해 증명함

🔍 한자풀이

論
말할 론

言(말씀 언)에 侖(뭉치 륜)이 합해져 '생각을 잘 뭉쳐(侖) 조리 있게 말하다(言)'의 뜻입니다.

證
증거 증

言(말씀 언)에 登(오를 등)이 더해진 글자예요. '올라가서(登) 증거를 말하다(言)'라는 뜻에서 '증거'를 의미하게 되었어요.

옳고 그름을 따져서(論) 밝히는(證) 것, 다시 말해 옳고 그른 근거나 이유를 '논증'이라고 합니다.

논증은 '상대방을 설득하기 위해 논리적으로 증명하는 것'이에요. 그러기 위해서는 주장만 나열하거나, 감정에 호소하거나, 강압적으로 명령하면 안 되죠. 객관적인 정보로 주장을 뒷받침해야 합니다.

✏️ 어떻게 사용할까요?

우리가 바라는 세상

주장하는 글을 읽을 때는 주장과 근거가 논리적으로 연결되었는지 살펴봐야 해. 이러한 논증 방식에는 유추, 귀납, 연역, 문제해결 등이 있어.

중학교 『국어 3』, 146쪽

주장(主張)[주될 주, 당길 장]: 자기 의견이나 주의(主義)를 당겨(張) 내세움

근거(根據)[뿌리 근, 의거할 거]: 근본(根本)이 되는 거점(據點)으로, 어떤 의견의 이유나 바탕이 되는 것

유추(類推)[무리/비슷할 류, 밀/헤아릴 추]: 같은 종류나 비슷한(類) 것을 근거로 다른 사물을 미루어 추론하는 일

> 📷 태국은 강수량과 일조량이 많아 벼농사가 잘된다. → 근거
>
> 베트남도 강수량과 일조량이 많다. → 근거
>
> 따라서 베트남도 벼농사가 잘될 것이다. → 추론

귀납(歸納)[돌아올 귀, 들일 납]: 개별적이고 구체적인 사실들을 근거로 돌아와서(歸) 일반적이고 보편적인 원리로 들어가는(納) 일

연역(演繹)[펼 연, 풀어낼 역]: 일반적인 원리를 펼쳐서(演) 구체적인 사실을 풀어내는(繹) 일

귀납과 연역, 쉽게 이해해봐요!

귀납은 '돌아와서 들어오는 것'이고 연역은 '펼쳐서 풀어내는 일'입니다. 귀납은 '바깥에서 안으로', 연역은 '안에서 바깥으로'의 뜻으로 이해하면 어렵지 않아요.

- '안=원리' '바깥=현실'이라고 했을 때 연역은 안에 있는 원리를 먼저 생각해내서 바깥의 현실에 적용하도록 펼쳐서 풀어내는 것이에요. 따라서 옳은 전제에서 연역적으로 도출된 결론은 100% 옳습니다. 안에 있는 원리가 절대적으로 옳기 때문에 어디에 적용하더라도 맞을 수밖에 없답니다. 예를 들어보죠.

  예 모든 사람은 죽는다. → 원리

  소크라테스는 사람이다. → 현실

  따라서 소크라테스는 죽는다. → 결론

- 귀납은 반대로 바깥에 있는 현실을 많이 관찰하고 그 관찰 결과를 안으로 들여 원리를 만드는 것이에요. 따라서 귀납으로 만들어진 원리는 100% 확신할 수 없어요. 수천만 마리의 까마귀를 관찰해서 "모든 까마귀는 검다."라는 원리를 만들어도, 어디선가 흰색 또는 회색 까마귀를 발견할 수도 있기 때문입니다.

문제해결(問題解決)[물은 문, 제목 제, 풀 해, 결정/결단할 결]: 묻는(問) 주제(主題)에 대해 해명(解明)하고 얽힌 일을 잘 처리해 결정(決定)한다는 뜻으로, 사회적 문제나 갈등에 대한 해결방안 또는 개선방식을 제시함

> 예 세계 곳곳에서 지구온난화로 피해가 속출하고 있다. → 문제점
>
> 따라서 에너지 소비를 줄여 지구온난화를 막아야 한다. → 해결방안

📖 관련 어휘 파헤치기

반증(反證)[되돌릴/반대할 반, 증거 증]: 어떤 사실이나 주장이 옳지 않다는 것을 그에 반대(反對)되는 근거를 들어 증명(證明)함. 또는 그런 증거

엄마와의 대화를 예로 들어 봅시다.

> 예 엄마 : 너 이번 방학에 OO 논술학원에 다녀라. 거기 선생님들은 모두 명문대 출신이고, 거기 다녀서 서울대 간 학생들이 많대. 너희 학교 1등도 거기 다닌다더라!
>
> 나 : 엄마! 그 학원은 기본기를 제쳐둔 채 잔뜩 어려운 말로 수업한대요. 그렇지만 저는 지금 차근차근 익혀나가는 개념 공부가 더 필요한 것 같아요. 이렇게 차곡차곡 기본기를 닦아놓으면 누구 못지않은 어휘력과 독해력이 생기지 않겠어요? 결국 그 학원은 제가 다녀도 별반 도움이 되진 않을 거예요!

'엄마'의 주장은 이번 방학에 논술학원을 다니라는 것이고, '나'는 논리적으로 그 주장이 옳지 않음을 반증하고 있습니다.

방증(傍證)[곁 방, 증거 증]: 직접적인 증거는 되지 않지만 주변의 상황(傍)을 통해 간접적으로 증명이 되는 증거(證據)

이번에는 아빠와의 대화로 예를 들어보죠.

⑩ 아빠 : 우리 딸 요즘 공부는 열심히 하니?

　나 　: 어휴! 말도 마세요. 어제는 글쎄, 책보다가 코피까지 흘렸다니까요.

공부를 열심히 한다는 것을 직접적으로 증명하려면 지금까지 공부한 양을 구체적으로 보여주어야 하겠죠. 하지만 그것을 구체적으로 보여주는 것은 어려워요. 보통 열심히 해서 피곤할 때 코피가 나는 것이니 간접적으로 열심히 했다는 사실을 보여주는 증거예요.

증명(證明)[증거 증, 밝을 명]: 증거(證據)를 찾아내어 밝힘(明). 어떤 사실이나 결론이 참인지 아닌지를 밝히는 일

증거(證據)[증거 증, 근거 거]: 어떤 사실을 증명(證明)할 수 있는 근거(根據)

논박(論駁)[논할/말할 론, 칠/논박할 박]: 어떤 주장이나 의견에 대해 잘못된 점을 조리 있게 말해(論) 비판하고 공격함(駁)

논거(論據)[말할 론, 의거할 거]: 논설(論說)이 성립되는 근거(根據)가 되는 것

전제 前提

사전에 제시함

🔍 한자풀이

前
앞 전

ㅍ[止(그칠 지)의 변형]와 月[舟(배 주)의 변형], 刂[刀(칼 도)의 변형]가 합쳐진 글자입니다. '멈춰(止) 있던 배(舟)가 칼(刂)로 물을 베듯' 앞으로 나아가니 '앞으로'라는 뜻으로 쓰여요.

提
끌/들 제

扌[手(손 수)의 변형]에 是(옳을 시)가 합쳐져 '손(扌)으로 옳다고 여기는(是) 것을 끌어낸다'는 뜻에서 '끌다' '들다'의 의미로 쓰이는 글자네요.

어떠한 사물이나 현상을 이루기 위해 먼저(前) 끌어들여(揭) 내세우는 것을 '전제'라고 합니다.

전제는 '자기 의견을 내세우는 주장 앞에서 그 주장을 끌고 가는 것'을 말해요. 즉 어떤 주장을 끌어내기 위해서, 또는 어떤 주장이 자연스럽게 나올 수 있도록 앞에서 끄는 것이 전제입니다. 따라서 어떤 주장을 논리적으로 쉽게 반박하고 싶다면 그 주장을 이끌고 있는 전제가 틀렸음을 보여주면 되요. 전제가 부정되면 자연히 그 전제가 이끌었던 주장도 부정될 수밖에 없기 때문이죠.

✎ 어떻게 사용할까요?

> 루소의 사상은 인간이 자연 상태에서는 선하고 자유롭고 행복했으나, 사회와 문명이 들어서면서 악해지고 자유를 상실하고 불행해졌다는 전제에서 출발한다. (중략) 이러한 인간과 사회의 병폐에 대한 처방을 내리기 위해 쓰인 것이 『에밀』로서, 그 처방은 한마디로 인간에게 잃어버린 자연을 되찾아주는 것이다.
>
> 장 자크 루소, 『인간 불평등 기원론』

루소는 인간이 잃어버린 자연을 되찾아야 한다고 주장해요. 이 주장을 이끄는 전제가 "인간은 자연 상태에서 선하지만, 문명이 들어서면서 악해졌다."라는 인식입니다. 만약 루소의 주장을 반박하고 싶다면 "인간은 문명이 들어서도 악해지지 않는다."라는 것을 보여주면 됩니다.

📖 관련 어휘 파헤치기

제안(提案)[끌/들 제, 생각 안]: 생각(提)을 내어(案)놓음

반박(反駁)[되돌릴/반대할 반, 칠/논박할 박]: 남의 의견이나 비난에 대해 반대(反對)의 의견으로 논박(論駁)함

비약(飛躍)[날 비, 뛸 약]: 나는(飛) 듯이 높이 뛰어오름(躍). 급격히 발전하거나 향상됨. 논리나 사고방식 등이 밟아야 할 단계나 순서를 거치지 않고 앞으로 나아감

걷지 않고 '날고뛰는' 것이에요. 보통 좋은 의미로 쓰이죠. "온 국민의 일치단결로 우리나라는 비약적인 발전을 했습니다."라는 문장처럼 말이에요. 하지만 논리적인 글에서의 '비약'은 좋지 않습니다. '논리적 비약'이라는 말은 '결론을 이끄는 전제가 너무 멀리 있어서 연결이 잘 안 된다'라는 뜻이죠. 전제가 너무 멀리 있는 결론을 이끌고 있어 논리적인 허점이 많아지니 주의해야 합니다.

인용 引用

남의 글을 끌어다 쓰거나 함

🔍 한자풀이

引
끌 인

弓(활 궁)에 丨[人(사람 인)의 변형]이 합쳐져 '사람(丨)이 활(弓)시위를 당겨 끌다'라는 뜻이에요.

用
쓸 용

卜(점 복)과 中(가운데/맞을 중)이 합쳐진 글자로 '점(卜)을 쳐서 잘 맞는(中) 것을 쓴다'고 해서 '쓰다'의 의미입니다.

남의 글이나 말 가운데서 필요한 부분만 끌어다(引) 사용하는(用) 것을 '인용'이라고 합니다.

인용은 자신의 저작물에 다른 사람의 저작물 일부를 옮겨서 사용하는 것입니다. 인용할 때는 몇 가지 규칙이 있어요. 지나치게 많은 양을 인용하는 것은 안 되고, 반드시 필요한 경우에만 해야 합니다. 그리고 인용 부분을 구분할 수 있게 해야 하며 출처는 반드시 밝혀야 합니다. 꼭 명심하세요.

🖊 어떻게 사용할까요?

책임감 있는 글쓰기

윤리맨: 너처럼 다른 사람의 글을 자신이 쓴 것처럼 활용하는 것은 표절이야. 표절은 범죄행위라고!

윤아: 아! 인용이랑 표절은 다른 거구나. 그럼 숙제를 다시 해볼까?

중학교 『국어 4』, 234쪽

활용(活用)[살 활, 쓸 용]: 능력이나 기능을 잘 살려(活) 씀(用)

남용(濫用)[넘칠/함부로 람, 쓸 용]: 함부로(濫) 마구 씀(用)

표절(剽竊)[도둑질할 표, 훔칠 절]: 도둑질해(剽) 훔침(竊). 시나 글, 노래 따위를 지을 때에 남의 작품 일부를 몰래 따다 씀

왜곡 歪曲

삐뚤고 굽어져 있음

🔍 한자풀이

歪
삐뚤 왜

不(아니 불)에 正(바를 정)이 합쳐진 글자로 '바르지(正) 아니(不) 하
다', 즉 '삐뚤다'는 뜻이에요.

曲
굽을 곡

대광주리의 굽은 모양을 본뜬 글자로 '굽다' '가락'의 뜻을 가지
고 있어요.

삐뚤고(歪) 굽은(曲) 것을 '왜곡'이라고 합니다.

옛날부터 선은 곧게 뻗어야 옳은 것이라고 생각해왔어요. 그렇기 때문에 곧바로 뻗어 있지 않고 굽고 기울어져 있으면 옳지 못한 것이라고 여겨졌습니다. 따라서 비뚤고 굽은 것을 의미하는 왜곡도 옳지 않은 것이죠. 왜곡은 사실을 있는 그대로 해석하지 않고 그릇되게 생각하는 것을 말해요.

요즘은 언론의 왜곡된 보도 때문에 사회적 문제가 생기기도 하죠? 누구보다 공정해야 하는 언론이 자신들의 이익을 위해 의도적으로 중요한 사실을 감추고 중요하지 않은 사실을 크게 부풀려 대중에게 알리기도 해요. 이런 왜곡된 보도에 휘둘리지 않으려면 스스로 진실을 볼 수 있는 눈을 키워야 한답니다.

✎ 어떻게 사용할까요?

일본의 역사 왜곡

일본은 역사를 조작하고 그릇되게 해석해, 자신들의 잘못을 정당화하고 있습니다. 이렇게 사건의 본질을 있는 그대로 알리지 않고, 일본 언론이 그릇된 내용을 보도하는 것을 '왜곡 보도'라고 합니다.

본질(本質)[근본 본, 바탕 질]: 가장 근본적(根本的)인 성질(性質)

보도(報道)[갚을/알릴 보, 길/말할 도]: 신문이나 방송으로 소식을 널리 알리기(報) 위해 말함(道). 또는 그 소식

규정 規定

법으로 정함

🔍 한자풀이

夫(지아비 부)에 見(볼 견)이 합쳐져 '지아비(夫)가 보는(見) 시점을 법으로 정하다'는 뜻입니다.

宀(집 면)에 疋[正(바를 정)의 변형]이 더해진 글자로 '집(宀)에 기둥과 벽이 바르게(疋) 정해져 있다'고 해서 '정하다'라는 뜻이네요.

규칙(規則)으로 정한(定) 것을 '규정'이라고 합니다.

사람이 사는 곳에는 언제나 규칙이 있습니다. 만약 규칙이 없다면 옳은 행동과 옳지 못한 행동을 명확하게 분간하지 못하게 되죠. 행동뿐 아니라 어떤 것의 내용이나 의미가 명확하지 않을 때 하나로 정하는 것을 '규정'이라고 합니다.

✏️ 어떻게 사용할까요?

맞춤법 규정

사실 언어는 사람들끼리 약속하면 되는 것이므로, 언어가 처음 생겼을 때에는 옳고 그른 것이 없었습니다. 하지만 여러 사람들이 혼란 없이 사용하기 위해서 옳은 철자법을 규정해야 했고 그래서 맞춤법 규정이 생긴 것입니다.

맞춤법에 대한 규정은 사회 구성원들이 모여 함께 정한 것이에요. 규칙으로 정한 것이죠. 그렇기에 사회 구성원들의 합의가 이루어진다면 맞춤법 규정은 바뀔 수도 있습니다. 바뀔 수 있는 규칙이라고 지키지 않아도 된다는 이야기는 아니에요. 맞춤법을 지키는 것이 우리말을 아름답게 지켜나가는 일이라는 사실을 잊지 마세요.

철자법(綴字法)[꿰맬/이을 철, 글자 자, 법 법]: 글자(字)들을 꿰매어(綴) 음을 적는 방법(方法). 자음과 모음을 맞춰 음절 단위의 글자를 만드는 방법

"먼저 이 사건에 대해 명확한 규정을 내려봅시다."

여기에서는 이 사건의 내용이나 성격, 또는 의미 등을 밝혀서 정한다는 뜻이네요. 이렇듯 규정으로 정해놓으면 어떤 일을 처리하는 데 옳고 그름을 분명히 할 수 있으니까요.

명확(明確)[밝을 명, 굳을 확]: 분명(分明)하고 확실(確實)함

📖 관련 어휘 파헤치기

법규(法規)[법 법, 법 규]: 법률(法律)이나 규정(規程). 법률의 규정(規定)·규칙(規則)·규범(規範)을 통째로 이르는 말

청원 請願

원하는 바를 청함

 한자풀이

 請
청할 청

言(말씀 언)에 靑(푸를 청)이 합쳐져 '젊은이(靑)가 윗사람에게 지혜의 말씀(言)을 청하다'는 뜻으로 쓰입니다.

 願
원할 원

原(언덕/근본 원)에 頁(머리 혈)이 더해져 '생각의 근본(原)인 머리(頁)속에서 뜻한 바가 이루어지기를 바란다'고 해서 '원하다'를 뜻합니다.

바라는(願) 바를 말하고 이루어지게 해달라고 청(請)하는 것을 '청원'이라고 합니다.

청(請)은 '무슨 일을 부탁하다'의 뜻이에요. 그러니까 어떤 일이 이루어 지게 해달라고 이야기하는 것이죠. 따라서 바라는 일을 담당 기관이나 단체에 문서로 제출해 부탁하는 것을 '청원'이라고 합니다.

✏️ 어떻게 사용할까요?

어머니는 관계 부처에 부당한 조치를 빨리 시정해달라고 청원하셨다.

시정(是正)[옳을 시, 바를 정]: 잘못된 것을 옳고(是) 바르게(正) 함

저렇게 씩씩하신 어머님께서 자식을 왜놈에게 빼앗기고 면회를 하겠다고 왜놈에게 고개를 숙이고 청원을 하셨을 것을 생각하니 황송하고도 분했다.

김구, 『백범일지』

황송(惶悚)[두려워할 황, 두려워할 송]: 매우 두려움(惶=悚). 황공(惶恐)

📖 관련 어휘 파헤치기

청탁(請託)[청할 청, 부탁할 탁]: 무엇을 해달라고 청해(請) 부탁(付託)함

112

봉착 逢着

어려움에 부딪침

한자풀이

夆(만날 봉)에 辶[辵(길갈/쉬엄쉬엄갈 착)의 획 줄임]이 받쳐진 글자입니다. 무성한 풀[丰(풀무성할 봉)]이 뒤져오듯[夂(뒤져올 치)] 길 가는(辶) 사람들이 서로 '만나다'의 뜻이죠.

𦍌[羊(양 양)의 변형]에 目(눈 목)이 아래로 합쳐진 글자로 '양(𦍌)떼들이 무리지어 서로를 바라보며(目) 붙어 있다'는 의미에서 '붙다'라는 뜻이 나왔어요.

만나(逢) 붙는(着) 것을 '봉착'이라고 합니다.

"이산가족이 상봉하다."에서 상봉은 서로 만나는 것입니다. 봉(逢)은 만남을 의미하죠. 그러니 봉착도 만나는 거예요. 만나기는 만나는데 주로 어려운 상황을 만나는 것을 말해요. 봉착은 어떤 일이 어려운 처지나 상태에 부딪치는 것을 의미한답니다.

✏️ 어떻게 사용할까요?

협상의 난관 봉착이라는 소식에 우리는 한숨만을 쉴 뿐 속수무책이었다.

난관(難關)[어려울 난, 빗장 관]: 어려운(難) 관문(關門). 뚫기 어려운 상황
속수무책(束手無策)[묶을 속, 손 수, 없을 무, 꾀 책]: 손(手)이 묶인(束) 듯이 방법(策)이 없어(無) 꼼짝 못함

투쟁을 하다 보면 죽마저 먹기 어려운 상황에 봉착할 수도 있다. 그때 이 밥은 더 없는 성찬으로 그리워질 것이다.

조정래, 『태백산맥』

상황(狀況)[모양 상, 모양/형편 황]: 어떤 일이 처해 있는 모습(狀)이나 형편(況) 또는 그 과정

114

📖 관련 어휘 파헤치기

상봉(相逢)[서로 상, 만날 봉]: 서로(相) 만남(逢)

봉변(逢變)[만날 봉, 변할 변]: 뜻밖의 변고(變故)나 망신스러운 일을 만남(逢) 또는 그 변고

현황(現況)[나타날/지금 현, 모양/형편 황]: 현재(現在)의 상황(狀況). 지금의 형편

관건 關鍵

문제해결의 가장 중요한 부분

 한자풀이

關 빗장/ 관계할 관	門(문 문)에 丱(실꿸 관)이 들어간 글자예요. '양쪽 문(門)을 실 꿰듯 이(丱) 지르는 빗장' 모양으로 양쪽 문을 빗장 지르니 '관계하다' '관련을 맺다'는 뜻입니다.
鍵 자물쇠/ 열쇠 건	金(쇠 금)에 建(세울 건)이 합쳐져 '문짝에 세워(建) 꽂는 쇠(金)', 즉 자물쇠를 가리킵니다.

빗장(關)과 자물쇠(鍵)의 의미에서 사건이나 문제해결의 가장 중요한 부분을 '관건'이라고 합니다.

대문을 닫고 가로질러 잠그는 막대기를 '빗장'이라고 해요. 빗장을 지른 데다 자물쇠까지 채웠으니 이 문을 출입하기는 힘들겠죠? 이렇듯 닫힌 문의 빗장을 풀고 열쇠로 열어 나가고 들어올 수 있도록, 어떤 문제를 만났을 때 해결할 수 있는 키포인트(key point)를 '관건'이라고 합니다. 그러니까 '어떤 사물이나 문제해결의 가장 중요한 부분'을 빗장과 자물쇠에 비유해서 쓰는 말이에요.

✏️ 어떻게 사용할까요?

사분오열된 여론을 어떻게 수렴할 것인지가 이번 사태를 해결하는 데 가장 큰 관건이었다.

수렴(收斂)[거둘 수, 거둘 렴]: 여럿으로 나뉜 것을 하나로 거둠(收=斂)

📖 관련 어휘 파헤치기

관련(關聯)[빗장 관, 잇닿을 련]: 서로 관계(關係)되어 이어져(聯) 있음

연관(聯關)[잇닿을 련, 빗장 관]: 어떤 현상이 이어진(聯) 관계(關係)를 맺음

주동 主動

스스로 움직임

🔍 한자풀이

主
주인 주

丶(불똥 주)에 王(촛대 모양을 본뜬 글자)가 합쳐져 '방 안의 등불(主)처럼 집안의 중심이 되는 사람'을 의미해요. 집안의 중심, 즉 '주인'의 뜻으로 쓰이는 글자입니다.

動
움직일 동

팔을 본뜬 글자 力(힘 력)에 重(무거울 중)이 더해져 '팔(力)로 무거운(重) 물건을 들어 움직이다'는 뜻을 지녔습니다.

어떤 일에 주인(主)이 되어 움직이는(動) 것을 '주동'이라고 해요.

스스로 주도적으로 행동하는 것이 주동이에요. 이에 비해 자신은 행동하지 않고 다른 사람으로 하여금 어떤 행동을 하도록 하는 것을 사동(使動)[하여금/부릴 사, 움직일 동]'이라고 합니다. 다시 말해서 문장에서 주어가 동작을 직접 하는 것을 '주동'이라고 하고, 주어가 다른 사람이나 제3의 대상에게 어떤 동작을 하도록 시키는 것을 '사동'이라고 한답니다.

이때 사(使)는 亻[人(사람 인)의 변형]에 吏(아전 리)가 합쳐져 '윗사람(亻)이 아전(吏)으로 하여금 일을 시키다'를 의미해요. 여기에서 '누구로 하여금' '어떤 일을 시켜 부리다'의 뜻이 나왔죠. 아전은 행정 실무에 종사하는 하급 관리를 말해요.

주동과 사동의 예를 들어 볼까요? 중국에서 불어오는 황사는 농사를 망쳐놓기 일쑤죠. 그래서 농민들이 힘들어해요. 이때 "농민들이 (심한 황사로) 힘들다."라고 표현하는 것은 주동 표현입니다. "심한 황사가 (농민들을) 힘들게 한다."는 사동 표현이죠.

✏ 어떻게 사용할까요?

주동 표현을 사동 표현으로 바꾸는 방법

주동을 나타내는 동사에 '-이-''-히-''-리-''-기-''-우-''-구-''-추-'

나 '-게 하다'를 붙여 <u>사동</u> 표현으로 바꿀 수 있다. 또한 일부 명사 뒤에 '-시키다'를 붙여 사동 표현으로 바꾸기도 한다.

중학교 『국어 5』, 156쪽

📖 관련 어휘 파헤치기

주동자(主動者)[주인 주, 움직일 동, 놈 자]: 어떤 일에 주도적으로(主) 움직이는(動) 사람(者)

주도(主導)[주인 주, 인도할 도]: 주도적으로(主) 사람들을 인도해(導) 이끎

사역(使役)[하여금/부릴 사, 부릴 역]: 사람을 부려(使=役) 일을 시킴

사환(使喚)[하여금/부릴 사, 부를 환]: 사람을 불러(喚) 일을 하도록 부림(使). 심부름꾼

노사(勞使)[일할 노, 하여금/부릴 사]: 일하는(勞) 사람과 일을 시키는(使) 사람을 아울러 이르는 말

교류 交流

서로 섞여 흐름

🔍 한자풀이

交
사귈/서로 교

사람이 두 다리를 꼰 모양을 본뜬 글자로, '서로 정을 나누며 사귀다'의 뜻입니다.

流
흐를 류

氵(물 수)에 㐬(아이거꾸로 나올 돌)이 합쳐져 어머니 자궁에서 양수가 터지고 아이 머리(㐬)가 나오듯이, 위에서 아래로 흐르는 물(氵)의 이치를 나타내는 글자로 '흐르다'의 뜻이에요.

서로(交) 흐름(流)을 '교류'라고 합니다.

교류는 서로 다른 물줄기가 모인 강물이 쉼 없이 흐르듯이 국가나 지역, 또는 개인이 문화나 사상 등의 여러 경험을 서로 주고받는 것을 말합니다. 예를 들어 "동양과 서양은 서로의 문화 교류를 통해 발전해왔다."라는 말은 근원이 다른 물줄기가 섞여 흐르는 것처럼, 지역은 다르지만 서로의 문화를 주고받으며 살아왔다는 뜻입니다. 어떤 분야든지 자기만을 고집한 채 교류를 게을리한다면 더 높은 단계로 나아갈 수 없어요. 교류하면서 상대의 좋은 점은 받아들이고 자신의 잘못된 점을 고쳐가는 것이 발전의 첫걸음이랍니다.

🖉 어떻게 사용할까요?

이번 남북 총리급 회담에서 다방면의 교류 문제에 대해 논의가 있었지만 이산가족의 만남을 위한 서로 간의 견해가 달라 구체적인 대안 마련에는 실패했다.

견해(見解)[볼 견, 풀 해]: 무엇을 보고(見) 그 의미를 풀이함(解)
대안(代案)[대신할 대, 생각/계획 안]: 어떤 생각을 대신(代身)하는 안(案)

어떤 분야든지 간에 다른 분야와 학문적 성과물을 교류해야만 더욱더 발전할 수 있다.

발전(發展)[일어날 발, 펼 전]: 세력 따위가 일어나(發) 그 기세를 펼침(展). 어떤 일이 낮은 단계에서 보다 높거나 복잡한 단계로 나아감

📖 관련 어휘 파헤치기

교제(交際)[사귈/서로 교, 사이/만날 제]: 서로(交) 가까이 만남(際)

능동 能動

스스로 움직임

 한자풀이

能
능할 능

본래 곰 모양을 본뜬 글자예요. 곰이 큰 몸집을 갖고서도 발을 재주 있게 잘 움직인다고 해서 '능히 잘 쓰다'로 의미가 확대되었죠. 그러면 곰을 뜻하는 글자는 무엇일까요? 곰 가죽이 불을 지핀 것처럼 따뜻하다고 해서 能(능)에 灬[火(불 화)의 변형]를 합친 글자, '熊(곰 웅)'이랍니다.

動
움직일 동

重(무거울 중)에 팔을 본뜬 글자 力(힘 력)이 더해져 '팔(力)로 무거운(重) 물건을 들어 움직이다'는 뜻을 지녔습니다.

자신의 힘으로 능히(能) 움직이는(動) 것을 '능동'이라고 합니다.

스스로 움직이는 것을 능동이라고 해요. 능동의 반대말은 수동(受動)[받을 수, 움직일 동]이죠. 스스로 움직이지 못하고 남이나 다른 것에 힘을 받아 움직이게 되는 것이에요. 수(受)는 爫(손톱 조)와 冖(덮을 멱), 그리고 又(오른손/또 우)가 합쳐진 글자예요. 爫(손톱 조)는 '위에서 아래로' '아래에서 위로'의 뜻을 가지고 있습니다. 그러니까 '위에 덮여 있는(冖) 어떤 물건이 아래로(爫) 떨어지니 손(又)으로 받는다'는 의미에서 '받다'라는 뜻으로 쓰여요.

그런데 교과서에서는 능동과 대비해서 '피동(被動)[입을/당할 피, 움직일 동]'이라는 단어를 써요. 그렇다고 해서 능동의 반대를 피동이라고 혼동하면 안 됩니다. 이는 '동사(動詞)'를 나눌 때 쓰는 말일 뿐이니까요. 문장에서 주어가 동작을 제 힘으로 하는 것을 '능동'이라고 하고, 주어가 다른 대상에 의해 동작을 당하는 것을 '피동'이라 한답니다. 피(被)는 衤[衣(옷 의)의 변형]에 皮(가죽 피)가 합쳐져 '가죽(皮)으로 만든 옷(衤)을 입거나 덮다'를 의미해요. 그래서 '옷' '이불' '덮다' '입다' 등 여러 가지 의미로 쓰이고 있는 글자죠. 또한 '옷을 입다'와 '입힘을 당하다'의 뜻을 동시에 가지고 있어요.

능동 표현과 피동 표현의 예를 들어볼게요. "엄마가 (아이를) 업는다." "흰 눈이 (들판을) 덮었다."는 능동 표현이에요. 이를 피동 표현으로 바꾼다면 "아이가 (엄마에게) 업히다." "들판이 (흰 눈에) 덮였다."가 되죠. 다시 말해 주어가 어떤 동작을 당하는 것을 피동이라고 보면 됩니다.

🖋 어떻게 사용할까요?

능동 표현을 피동 표현으로 바꾸는 방법

능동을 나타내는 동사에 '-이-' '-히-' '-리-' '-기-'나 '-어지다' '-게 되다'

를 붙여 <u>피동</u> 표현으로 바꿀 수 있다. 또한 일부 명사 뒤에 '-되다'를 붙여 피동

표현으로 바꾸기도 한다.

중학교 『국어 5』, 159쪽

💡 응용해볼까요?

피고(被告)[당할 피, 알릴 고]: 고발(告發)을 당함(被). 피고인의 준말

피랍(被拉)[당할 피, 잡아갈 랍]: 납치(拉致)를 당함(被)

피사체(被寫體)[당할 피, 베낄 사, 몸 체]: 사진(寫眞) 찍힘을 당하는(被) 물체
(物體)

피살(被殺)[당할 피, 죽일 살]: 살해(殺害)를 당함(被)

피습(被襲)[당할 피, 엄습할 습]: 습격(襲擊)을 당함(被)

피의자(被疑者)[당할 피, 의심할 의, 놈 자]: 혐의(嫌疑) 받음을 당한(被) 사람
(者) = 용의자(容疑者)

피해(被害)[당할 피, 해칠 해]: 손해(損害)를 당함(被) ↔ 가해(加害)

순응 順應

환경에 따라 적응함

🔍 한자풀이

順
순할/좋을/
차례 순

川(내 천)에 頁(머리 혈)이 합쳐져 '냇물(川)이 위에서 아래로 흐르듯이 사람의 몸은 머리(頁)에서 발끝까지 세상의 이치에 순순히 따라야 한다'라는 의미로 '순하다' '좋다', 그리고 '차례'의 뜻으로 쓰입니다.

應
응할 응

雁(매 응)에 心(마음 심)이 더해져 매사냥을 나갈 때 '매(雁)가 주인의 마음(心)을 따르니 매와 주인이 어울리다'라는 의미에서 '응하다'의 뜻이에요.

어떤 체계나 명령에 잘 적응해(應) 따르는(順) 것을 '순응'이라고 합니다.

시냇물은 바위가 앞을 가려 막고 있어도 굽이굽이 휘돌아 쉼 없이 흐릅니다. 이렇듯 상황의 변화에 잘 대응하는 것을 '순응'이라고 해요. 그러니까 주위 환경에 자신을 부드럽게 맞추어가는 것이죠. 따라서 어떤 체계나 명령에 잘 적응해 따르는 것도 '순응'이라고 할 수 있습니다.

✒ 어떻게 사용할까요?

이제 와서 가만히 생각해보니 자기의 <u>운명</u>을 깨닫고 그것에 순응한 것 같은 생각도 들어.

이문열, 『영웅시대』

운명(運命)[움직일/운수 운, 목숨 명]: 운수(運數)와 명수(命數). 인간을 포함한 우주의 모든 것을 지배한다고 여겨지는 필연적·초인간적인 힘

옛 사람들이 자연에 대해 순응하고 <u>조화</u>를 이루며 살아왔던 생활방식은 파괴 위주의 현대 문명에 좋은 교훈을 준다.

조화(調和)[고를 조, 화할 화]: 서로 협조(協調)해 화목(和睦)하게 지냄. 서로 잘 어울림 ↔ 부조화(不調和)

📖 관련 어휘 파헤치기

적응(適應)[맞을 적, 응할 응]: 어떤 상황이나 조건에 걸맞아서(適) 서로 어울려(應) 지냄

순종(順從)[좇을 순, 좇을 종]: 순순(順順)히 복종(服從)함

순서(順序)[순할/좇을 순/차례 순, 차례 서]: 순차(循次)적으로 정해놓은 차례(序)나 관계

섭리 攝理

끌어 잡아 다스림

🔍 한자풀이

攝
끌어잡을 섭

聶(소곤거릴 섭)에 扌[手(손 수)의 변형]이 합쳐진 글자로 '귓속말로 소곤거리면서(聶) 손(扌)으로 끌어 잡아당기다'라는 의미에서 '끌어 잡다' 끌어 잡아 '대신(代身)하다'의 뜻으로 쓰여요.

理
결/다스릴/
이치 리

王[玉(구슬 옥)의 획 생략]에 里(마을 리)가 더해져 시골 마을(里) 밭이랑처럼 옥(玉) 덩어리에 나타나는 '결'을 뜻하는 글자입니다. 나무도 자세히 보면 결이 있어서 그 결 따라 다듬어주어야 재목으로 쓸 수 있어요.

끌어(攝) 다스리다(理)라는 의미에서 자연계를 지배하고 있는 원리와 법칙을 '섭리'라고 합니다.

병원에서 나이가 지긋한 의사 선생님이 "섭생에 주의하세요."라고 말하는 걸 들어봤을 거예요. 이 말은 병에 걸리지 않도록 음식이나 운동을 통해 몸을 잘 관리하라는 뜻입니다. 섭(攝)은 '어떤 원리로 끌어 잡아당기는 것'이에요. 만약 우리가 하루 동안 아무것도 먹지 못하면 몸을 움직이기가 힘들겠죠? 그러니까 우리 몸은 제때 영양분을 섭취해주어야만 잘 다스릴 수 있다는 이치가 숨어 있는 것이죠. 이렇게 우리가 몸을 다스리듯이 '우리가 사는 이 세상'과 '우주 만물'도 무언가에 의해 다스려지지 않을까요? 이렇듯 자연계를 지배하고 있는 원리와 법칙을 '섭리'라고 한답니다.

리(理)에 대해 더 알아봐요!
- **'결'을 뜻하는 리**: 옥을 다루는 장인(匠人)이 옥 덩어리를 결 따라 손질하니 '결을 다스리다'의 뜻으로 쓰여요. 지리(地理)[땅 지, 결 리]는 '땅(地)의 결(理)'을 말해요. 높은 하늘에서 보면 솟아오른 언덕과 물이 흐르는 모습이 옥 덩어리에 나타나는 결처럼 보이겠죠? 따라서 어떤 곳의 산과 땅의 모양을 뜻합니다.
- **'이치'를 뜻하는 리**: 옥 덩어리에도 결이 있는데 우리가 사는 이 세상에도 어떤 이치가 있지 않을까요? **예** 이치(理致)[다스릴/이치 리, 이를 치]: 도리(道理)에 이르는(致) 근본 뜻
- **'다스리다'를 뜻하는 리**: **예** 이발(理髮)[다스릴 리, 터럭 발]: 머리카락(髮)을 깎고 다듬어 결을 다스림(理)

✐ 어떻게 사용할까요?

종교인은 거기에 엄연히 신의 섭리와 계획이 <u>존재</u>한다고 한다. 무신론자들은 그러한 것을 <u>부인</u>하고 인생을 한낱 <u>우연</u>에 돌린다.

안병욱, 『사색인의 향연』

존재(存在)[있을 존, 있을 재]: 현존(現存)해 실재(實在)함. 있음(存=在). 또는 다른 사람의 주목을 끌 만한 두드러진 품위나 처지

부인(否認)[아닐 부, 알 인]: 인정(認定)하지 않음(否) ↔ 시인(是認)

우연(偶然)[짝/우연할 우, 그러할 연]: 아무런 인과(因果)관계가 없이 뜻하지 아니하게 일어나는(偶) 그러한(然) 일 ↔ 필연(必然)

📖 관련 어휘 파헤치기

섭생(攝生)[끌어잡을 섭, 날 생]: 생(生)을 끌어 다스림(攝)

섭취(攝取)[끌어잡을 섭, 가질 취]: 영양분을 끌어 잡아(攝) 가짐(取)

섭정(攝政)[끌어잡을/대신할 섭, 정사 정]: 임금이 나이가 어려 통치할 수 없을 때 임금을 대신해(攝) 나라를 다스리는(政) 것

포섭(包攝)[감쌀 포, 끌어잡을 섭]: 상대를 자기편으로 감싸(包) 끌어들임(攝)

도리(道理)[길 도, 이치 리]: 사람이라면 마땅히 행해야 할 도덕적(道德的)인 이치(理致)

사리(事理)[일 사, 이치 리]: 일(事)의 이치(理致)

이해(理解)[이치 리, 풀 해]: 사리(事理)를 분별해 해석(解釋)함

이성(理性)[이치 리, 성품 성]: 이치(理致)나 도리를 인식하는 성품(性品)

이상(理想)[이치 리, 생각 상]: 이성(理性)에 의해 생각할(想) 수 있는 범위 안에서 가장 바람직한 상태

단어 뒤에 '~적' '~성' '~력' '~화' '~감' 등이 붙어 있는 말을 많이 봤을 거예요. 이러한 한자어들은 조어(造語)라고 해요. 즉 만들어진 말이기 때문에 국어사전에 나오지 않는 것도 꽤 있죠. 여기에서는 그렇게 만들어진 단어들을 살펴보고, 교과서에 나오는 단어들을 중심으로 그 의미를 분명하게 이해할 수 있도록 설명했습니다.

PART 2

한자어를 알면
국어 어휘가
늘어난다

的 (것 적)

단어 뒤에 '적'을 붙인 개념어 이해하기

的(과녁 적)은 白(흰 백)에 勺(구기/국자 작)이 합쳐진 글자입니다. '동그라미가 국자(勺) 모양으로 하얗게(白) 그려진 과녁에 화살을 쏜다'라는 뜻으로 '과녁/것 적'이라고 하죠. 여기에서 의미가 확대되어 '~와 같은 것'의 뜻으로 쓰인답니다.

한 단어로 이해하기

진취적(進取的)[나아갈 진, 가질 취, 것 적]: 나아가서(進) 가지는(取) 것(的)

한곳에 머물러 누가 무엇을 해주길 기다리지 않고 적극적이고 능동적으로 행동해서 일을 이룬다는 뜻을 가지고 있어요. 따라서 '적극적'과 비슷한 의미를 가지지만 적극적보다는 '자주적(自主的)[스스로 자, 주인 주, 것 적: 스스로가 주인이 되어 자신의 일을 처리하는 것]으로 행동하는' 의미가 좀더 강하다고 볼 수 있습니다.

회의적(懷疑的)[품을 회, 의심할 의, 것 적]: 의심(疑心)을 품는(懷) 것(的)

보통 어떤 것에 '회의적'이라고 하면 그것에 대해 의심을 품고 부정적으로 바라보는 것을 뜻하죠. 그렇다고 비난하는 것은 아니에요. 단지 의심을 품고 동의하지 않는 것입니다.

감성적(感性的)[느낄 감, 성품/성질 성, 것 적]: 변화를 쉽게 느끼는(感) 성질(性質)의 것(的)

감성이 예민해 자극을 쉽게 받는 것을 말해요. 감성은 이성과 짝이 되는 말로, 이성이 '생각하는 것'이라면 감성은 '느끼는 것'이죠. 그러니 '감성적'은 어떤 것에 대해 분석하고 생각하기보다는 '있는 그대로 잘 느끼는 것'을 뜻합니다. 따라서 '둔감하지 않고 자극을 잘 받는다'라는 의미로 확장될 수 있습니다.

감상적(感傷的)[느낄 감, 상처/다칠 상, 것 적]: 대상에서 마음이 아픈(傷) 느낌(感)을 받는 것(的)

상(傷)은 '부상당하다'라는 뜻으로, 마음이 다쳤다는 것은 '슬픔'이라고 해석할 수 있습니다. 따라서 '작은 일에도 쉽게 슬픔을 느끼는 것'이에요. ᴇ 때때로 감상에 빠져서 아무 말 없이 천장만 바라보기도 했다.

감상(鑑賞)[거울/살펴볼 감, 상줄/즐길 상]: 예술 작품을 살펴보며(鑑) 이해하고 즐김(賞) **예** 그녀는 미술 작품과 영화 및 음악 감상을 했다.

감상(感想)[느낄 감, 생각 상]: 마음으로 느껴(感) 생기는 생각(想) **예** 일기에 하루의 감상을 적으면서 자신을 되돌아보았다.

초월적(超越的)[넘을 초, 넘을 월, 것 적]: 어떠한 한계나 표준을 뛰어넘는(超=越) 것(的)

무언가를 넘는 것이에요. 일반적으로 '인간의 경험이나 인식'을 넘는다는 의미로 보면 됩니다.

향토적(鄕土的)[시골 향, 흙 토, 것 적]: 시골(鄕) 땅(土)의 분위기 같은 것(的)

서울과 같은 도시의 분위기가 아닌 시골 분위기를 '향토적'이라고 합니다. '토속적'과 헷갈리기 쉬운데, 향토적은 '시골'이 포함되어야 하고, 토속적은 꼭 시골이 아니더라도 '어떤 지역의 특색'이 있으면 됩니다. 비슷한 말로는 '목가적'이 있어요.

> **토속적(土俗的)[흙 토, 풍속 속, 것 적]: 그 지방(土) 특유의 습관이나 풍속(風俗)을 닮은 것(的)**
>
> **목가적(牧歌的)[칠/기를 목, 노래 가, 것 적]: 목동(牧童)이 부르는 노래(歌)처럼 소박하고 평화로운 것(的). 다시 말해 전원(田園)의 한가로운 목동이나 농부의 생활을 주제로 한 서정적인 것**

관조적(觀照的)[볼 관, 비칠 조, 것 적]: 관찰(觀察)하고 비추어(照) 보는 것(的)

관(關)은 그냥 보는 것(see)이 아니라 깊게 유심히 보는 것(watch)을 뜻합니다. 따라서 '관조적'은 자신의 감정을 격정적으로 표출하지 않고 '무미건조하게 무엇을 관찰하고 비추어 보는 것'이죠. 예를 들어 어떤 작품이 관조적이라고 한다면 어조·말투·태도에 감정을 격정적이지 않게 드러내는 것을 말한답니다.

격정적(激情的)[칠/격할 격, 뜻 정, 것 적]: 어떤 감정(感情)이 격렬(激烈)하게 일어
난 것(的)

냉소적(冷笑的)[찰 랭, 웃을 소, 것 적]: 차갑게(冷) 비웃는(笑) 것(的)

웃음은 재미있는 일이 있을 때 짓는 것인데 냉소는 '마음에 안 드는
일을 비꼬기 위해서 짓는 웃음'입니다. 쉽게 말하면 '썩은 미소(썩소)'라
고 생각하면 됩니다.

자조적(自嘲的)[스스로 자, 비웃을 조, 것 적]: 스스로(自) 비웃는(嘲) 것(的)

보통 자기 자신을 사랑하고 아끼는 것이 정상입니다. 하지만 아무
리 노력해도 결과가 좋지 않으면 자신감을 잃고 자신을 비하(卑下)[낮
을 비, 아래 하하게 되죠. 이렇게 자기를 비웃고 비하하는 것을 '자조적'
이라고 합니다. 문학작품에서는 자기 자신의 무기력함을 깨달았을 때
자조적인 표현을 자주 사용한답니다.

애상적(哀傷的)[슬플 애, 다칠 상, 것 적]: 슬프고(哀) 다친(傷) 것(的)과 같음

'슬퍼하고 가슴 아파하는 것'을 말해요. 따라서 '애상적'이라면 미래에
대한 희망이 없이 현실을 부정적으로 보고 있는 것입니다.

영탄적(詠嘆/歎的)[읊을 영, 탄식할 탄, 것 적]: 탄식하듯(嘆/歎) 읊는(詠) 것(的)

목소리를 길게 뽑아 깊게 생각하는 마음을 읊는 것이죠. 감탄사(아!,
오!, 오호라! 등) 또는 감탄형 종결어미(~는구나, ~는구려 등)를 일상적으로

사용해 압축적으로 감정을 고조시켜 표현하는 것이에요. 따라서 감탄문이나 감탄사는 영탄적 어조라고 볼 수 있죠.

예찬적(禮讚的)[예도 례, 기릴 찬, 것 적]: 예도(禮度)에 맞게 기리는(讚) 것(的) 훌륭한 것, 좋은 것, 아름다운 것을 존경하고 찬양(讚揚)하는 것을 말해요. 신라시대에 〈찬기파랑가〉라는 향가(鄕歌)가 있었어요. 이 작품은 제목에서 알 수 있듯이 '기파랑'이라는 화랑을 찬(讚)하는(칭찬하는) 노래(歌)입니다. 예찬은 '예의에 맞게 찬양하는 것'으로 그냥 칭찬하는 것보다 더 격식을 갖춘 것이라고 볼 수 있습니다.

우의적(寓意的)[붙어살/빗댈 우, 뜻 의, 것 적]: 다른 사물에 빗대어(寓) 비유적인 뜻(意)을 나타내는 것(的)

여기서 우(寓)는 자신의 정서를 다른 것에 의지하고 맡겨 간접적으로 표현하는 걸 의미해요. 따라서 '우의적'은 간접적으로 드러낸 그 뜻을 말하죠. 단순히 사물에 의탁(依託)[의지할 의, 맡길 탁]하는 것과 달리 풍자적 요소가 있습니다.

우화(寓話)[빗댈 우, 말씀 화]: 빗댄(寓) 이야기(話). 즉 인격화한 동식물이나 사물을 주인공으로 해 그들의 행동 속에 풍자와 교훈을 담은 이야기를 가리킵니다. 대표적인 작품으로 『이솝 이야기』가 있답니다.

현학적(衒學的)[자랑할 현, 배울 학, 것 적]: 배움(學)을 자랑하는(衒) 것(的)

종종 이야기를 듣거나 글을 읽을 때 어려운 단어를 지나치게 사용하는 사람을 보면 '과연 이 단어의 뜻을 이해하고 쓰는 걸까?'라는 생각이 들기도 해요. 이럴 때 '현학적'이라는 표현을 사용합니다.

노골적(露骨的)[드러낼 로, 뼈 골, 것 적]: 뼈(骨)를 드러낸(露) 것(的)과 같음

자기의 감정이나 욕망을 숨김없이 드러내는 것을 말합니다.

동경적(憧憬的)[그리워할 동, 그리워할 경, 것 적]: 어떤 것을 그리워하며(憧=憬) 그것만을 생각하는 것(的)

마음이 들떠서 안정을 찾지 못하는 것이죠.

능률적(能率的)[능할 능, 비율 률, 것 적]: 일정한 시간에 해낼 수 있는(能) 일의 비율(比率)이 높아지는 것(的)

비슷한 의미로 쓰이는 '효율적(效率的)[본받을/효력 효, 비율 률, 것 적]'은 '효력의 정도나 비율이 많이 오르는 것'이에요. 그러니까 '기계가 한 일의 양과 소요된 에너지와의 비율'을 의미할 때는 '효율'이라는 단어를 써야 합니다. ⓔ 스트레스는 <u>능률</u>을 떨어뜨린다. / 자원 <u>효율</u>을 높일 방법을 찾자.

전형적(典型的)[법/모범 전, 틀/본보기 형, 것 적]: 모범(典)이 될 만한 본보기(型) 같은 것(的)

예를 들어 소설 속 홍길동은 사회정의를 위해 싸워 나가는 영웅의 본보기 같은 역할을 합니다. 그래서 "홍길동은 영웅소설의 전형적 주인

공이다.”라고 표현할 수 있죠. 또 “삼한사온(三寒四溫)의 전형적인 겨울 날씨”에서도 뜻을 살필 수 있어요. 3일은 춥고 4일은 따뜻한 겨울 날씨가 주기적으로 반복된다는 사실을 본보기로 삼아 ‘전형적’이라는 말을 쓰고 있네요. 전형(銓衡)[저울질할 전, 저울대 형]이라는 단어와 혼동할 수 있으니 꼭 주의해야 합니다. 말 그대로 전형(銓衡)은 ‘저울대(衡)로 저울질하다(銓)’라는 뜻이에요. 그러니까 ‘사람의 됨됨이나 재능을 여러모로 시험해 골라 뽑는 것’을 말하죠. ▶233쪽 참조

 ## 반대어로 이해하기

주관적 ↔ 객관적

주관적(主觀的)[주인 주, 볼 관, 것 적]: 주인(主) 혼자만의 생각으로, 자기 마음대로 보는(觀) 것(的)

‘주관적’은 자기 자신의 주체적(主體的)인 관점에서 보는 것으로, 그 일의 당사자(주인)가 본다는 뜻이에요. 따라서 주관적이라는 것은 <u>개성적</u>이며 <u>개별적</u>인 특징이 있습니다.

객관적(客觀的)[손님 객, 볼 관, 것 적]: 자기 혼자만의 생각에서 벗어나 제3자(客)의 처지에서 사물을 보거나(觀) 생각하는 것(的)

‘객관적’은 ‘손님’이나 ‘나그네’가 보는 것이에요. 어떤 일을 당사자가

아닌 제3자의 관점 또는 일반 사람들의 관점으로 보는 것을 뜻합니다.

따라서 <u>일반적</u>이며 <u>보편적</u>인 의미를 가지고 있습니다.

개성적(個性的)[낱 개, 성품 성, 것 적]: 사람마다(個) 지닌 남과 다른 특성(特性) 같은 것(的). 둘 이상이 모인 집단이 아닌 낱낱의 성품이나 성질을 말합니다. 즉 공통적으로 나타나는 성질이 아니라 다른 것과 구별이 되는 특수하고 개별적인 것으로, 다른 사람이나 다른 개체(個體)[낱 개, 몸 체: 하나의 독립된 생물체]와 뚜렷하게 구별되는 특성입니다.

개별적(個別的)[낱 개, 나눌 별, 것 적]: 하나씩 하나씩 낱낱이(個) 나누어져(別) 있는 것(的)

일반적(一般的)[한 일, 일반 반, 것 적]: 어떤 공통되는 한(一) 요소가 전반(全般)에 두루 미치는 것(的). 어떤 특정한 분야에만 한정되지 않고 전체에 걸쳐 나타나는 성질을 말해요.

보편적(普遍的)[넓을 보, 두루 편, 것 적]: 넓게(普) 두루두루(遍) 미치는 것(的). 다시 말해 널리 모든 것에 적용된다는 뜻으로, '사회적' '일반적' '객관적' 등의 뜻을 담고 있는 단어입니다. 반면에 '개인적' '개성적' '개별적' 등은 낱낱의 것이므로 모든 것에 두루 적용되지 않아요.

개인적 ↔ 사회적

개인적(個人的)[낱 개, 사람 인, 것 적]: 낱낱(個)의 사람(人)과 같은 것(的)

무리로 생각하는 것이 아니라 낱낱의 개인을 중심으로 한 것이에요. 사회나 집단에 비해서 구체적이고 개성적이죠.

사회적(社會的)[모일/단체 사, 모일 회, 것 적]: 같은 무리가 단체(社)를 이루어 모임(會)에 관계되는 것(的)

개인이 혼자 있는 것이 아니라 사람들이 모여 있는 상태를 말합니다. 따라서 일반적인 느낌을 가지고 있어요.

구체적 ↔ 추상적

구체적(具體的)[갖출 구, 몸 체, 것 적]: 실체(實體)를 갖추고(具) 있는 것(的)

'체(體)'는 눈에 보이지 않는 인간의 정신이 아닌 눈에 보이는 육체를 뜻해요. 따라서 사물을 직접 경험할 수 있는 일정 형태와 성질을 갖추고 있는 것을 '구체적'이라고 말합니다. '일반적' '보편적'이라는 의미와는 반대되는 '개별적'이라는 의미로 풀이할 수 있습니다.

추상적(抽象的)[뽑을 추, 꼴 상, 것 적]: 모양(象)을 뽑아내(抽) 버린 내적 속성에 관한 것(的)

'꼴(모양)을 뽑아내 버리다'는 '사물의 속성을 뽑아낸다'는 말과 같은 뜻이라고 할 수 있어요. 어떤 사물에서 각각의 구체적인 특성들을 뽑아 버린다는 의미입니다. 이렇게 뽑아낸 개별적이고 구체적인 특성을 버렸다는 것은 달리 말해 사물의 일반적이고 중심적인 특성만을 선택해 챙겼다고 이야기할 수 있죠. 이런 의미에서 더 나아가, 개별적인 사물의 특성을 나타내지 못하기 때문에 '막연하다' '두루뭉실하다'는 뜻으로도 쓸 수 있답니다.

이상적(理想的)[다스릴 리, 생각 상, 것 적]: 생각(想)을 다스리는(理) 것(的)과 같음

　　생각할 수 있는 범위 안에서 가장 완전하다고 여겨지는 것을 말해요. 현실은 완벽하지 못하고 흠이 있는 곳이라고 생각하기에 이런 뜻이 생겼습니다. 현실에 살고 있는 우리는 이상적인 공간(이상향)을 꿈꾸죠. 그리고 '이상적'은 '현실 감각이 떨어지는' 또는 '현실에서는 불가능한'이라는 조금은 부정적인 의미로도 사용된답니다.

현실적(現實的)[나타날/지금 현, 열매/실제 실, 것 적]: 현재(現在)의 사실(事實)을 나타내는 것(的)

　　실제로 존재하거나 실현될 수 있는 것을 말해요. '이상'이 생각 속에 존재하는 완벽하고 흠 없는 것이라면, 현실은 눈으로 보이게 나타나는, 완벽하지 않은 것을 뜻합니다. '이상적'은 '생각 속의 실현 가능성이 없는 것'을 뜻하는 반면, '현실적'은 이상에 비해 완벽하지는 않지만 '실현이나 실천이 가능한 것'이라는 의미가 있답니다.

능동적 ↔ 수동적

능동적(能動的)[능할 능, 움직일 동, 것 적]: 능력(能)이 있어 쉽게 스스로 움직이는(動) 것(的)

　　움직이는 데 어떠한 도움이나 간섭 없이 능숙하게 움직이는 것이므

로, 다른 것에 이끌리지 않고 스스로 움직이는 것을 말합니다. '자율적'과 의미가 통한다고 볼 수 있지요.

수동적(受動的)[받을 수, 움직일 동, 것 적]: 다른 것의 힘을 받아서(受) 움직이는(動) 것(的)

스스로 움직이는 것이 아니라 남 또는 외부의 힘을 받아서 움직이는 것이므로 '타율적'과 뜻이 통한다고 볼 수 있습니다.

자율적 ↔ 타율적

자율적(自律的)[스스로 자, 법 률, 것 적]: 자기 스스로(自) 세운 법(律)에 따르는 것(的)

스스로 법칙을 세우는 것입니다. 다른 사람이나 법칙에 의존하는 것이 아니라 스스로 법칙을 정해서 어떤 일을 하거나 자기 행동을 조절하는 것을 말해요.

타율적(他律的)[다를 타, 법 률, 것 적]: 다른(他) 이가 세운 법(律)에 따르는 것(的)

자기의 의지가 아닌 남의 명령이나 구속에 따라 행동하는 것이므로 억지로 제압해 따르게 하는 '강제적(强制的)[억지로 강, 억제할 제, 것 적]'과 뜻이 통한다고 볼 수 있습니다.

적극적 ↔ 소극적

적극적(積極的)[쌓을 적, 끝 극, 것 적]: 어떤 일을 끝(極)까지 쌓는(積) 것(的)

무엇을 끝까지 쌓는다는 것은 어떤 일을 '긍정적'이고 '능동적'으로 계속해가는 것을 말합니다.

소극적(消極的)[사라질 소, 다할/끝 극, 것 적]: 어떤 일을 끝내려는(極) 마음이 사라지거나(消) 모자라는 것(的)

끝까지 나아가지 못하고 물러나는 것이에요. 스스로 앞으로 나아가거나 상황을 개선하려는 의지가 부족한 '수동적'인 태도를 말한답니다.

진보적 ↔ 보수적

진보적(進步的)[나아갈 진, 걸음 보, 것 적]: 한 걸음(步) 더 나아가는(進) 것(的)

보수적(保守的)[지킬 보, 지킬 수, 것 적]: 오랜 습관이나 제도, 방법 등을 소중히 여겨 그대로 보존(保存)해 지키는(守) 것(的)

직접적 ↔ 간접적

직접적(直接的)[곧을 직, 이을 접, 것 적]: 곧바로(直) 이어지는(接) 것(的)

2가지 사이에 아무것도 없이 곧바로 이어져 있는 것을 말해요.

간접적(間接的)[사이 간, 이을 접, 것 적]: 중간(中間)에 사람이나 사물이 있어 그것을 통해 이어지는(接) 것(的)

2가지 사이에 무언가가 있어, 그것이 2가지를 연결함을 말합니다.

상대적 ↔ 절대적

상대적(相對的)[서로 상, 대할/맞설 대, 것 적]: 서로(相) 마주 대하는(對) 것(的)

어떤 것을 하나만 놓고 보는 것이 아니라 서로 맞서거나 비교되는 것을 함께 놓고 보는 것을 말해요. 따라서 '상대적'이란 말을 사용했다면 비교 대상이 존재하는 것입니다.

절대적(絕對的)[끊을 절, 대할/맞설 대, 것 적]: 맞설(對) 것(的)이 끊어져(絕) 없음. 제약이 없음

비교하거나 상대되어 맞설 만한 것이 끊어져 없고 오로지 하나만 보는 것을 말해요. 즉 다른 것과 상대하지 않기 때문에 비교 대상이나 제약 조건이 없답니다.

이기적 ↔ 이타적

이기적(利己的)[이로울 리, 몸 기, 것 적]: 자기(自己)의 이익(利益)만을 생각하는 것(的)

이타적(利他的)[이로울 리, 다를 타, 것 적]: 자기를 희생해 타인(他人)을 이롭게(利) 하는 것(的)

낙관적 ↔ 비관적

낙관적(樂觀的)[즐거울 락, 볼 관, 것 적]: 인생이나 사물을 밝고 희망적(樂)으로 보아(觀) 앞으로의 일이 잘되어갈 것으로 여기는 것(的)

비관적(悲觀的)[슬플 비, 볼 관, 것 적]: 인생이나 사물을 슬퍼하거나(悲) 절망적으로 보아(觀) 앞날에 기대할 것이 없다고 여기는 것(的)

낙천적 ↔ 염세적

낙천적(樂天的)[즐거울 락, 하늘 천, 것 적]: 자신의 운명이나 처지를 하늘(天)의 뜻으로 여겨 인생을 즐겁고(樂) 좋게 생각하는 것(的)

염세적(厭世的)[싫어할 염, 세상 세, 것 적]: 세상(世上)을 괴롭고 귀찮은 것으로 여겨 싫증(厭)을 내는 것(的)

내적 ↔ 외적

내적(內的)[안 내, 것 적]: 사물의 내부(內部)에 관한 것(的). 정신이나 마음에 작용하는 것

외적(外的)[바깥 외, 것 적]: 사물의 외부(外部)에 관한 것(的). 물질이나 육체에 작용하는 것

性 (성질 성)

단어 뒤에 '성'을 붙인 개념어 이해하기

性(성품/성질 성)은 忄[心(마음 심)의 변형]에 生(날 생)이 합쳐진 글자입니다. 단어 뒤에 '성'을 붙여 '~로 하는 성질'의 뜻으로 쓰인답니다.

🖍 한 단어로 이해하기

개연성(蓋然性)[덮을/대개 개, 그러할 연, 성질 성]: 확실하지는 않으나 대개(大蓋) 그러할(然) 것 같은 성질(性質)

개(蓋)는 '덮다'에서 '아마도'라는 뜻으로 의미가 확대되어 쓰여요. 따라서 그런지 아닌지 확실하지 않고 '아마도 그럴 것'을 말할 때 '개연적'이라 하고 그런 성질을 '개연성'이라고 합니다. 필연성이 100%라면 개연성은 70~80%의 확률이죠. 즉 이야기의 흐름이 어느 정도 논리적이라는 의미라고도 할 수 있습니다.

통일성(統一性)[거느릴 통, 한 일, 성질 성]: 다양한 요소를 하나(一)로 거느리는(統) 성질(性質)

나누어진 것들을 몰아 하나의 완전한 것으로 만드는 성질을 말합니다. "우리의 소원은 통일."은 남한과 북한으로 나누어진 우리나라가 하나가 되기를 바라는 표현입니다. 마찬가지로 글에서 여러 문장들이 따로따로 놀지 않고 하나로 거느려지는 것을 글의 '통일성'이라고 해요. 모든 문장을 거느리는 것은 글의 주제에 해당되며, 주제에서 벗어나는 문장은 통일성을 해치기 때문에 지워버려야 합니다.

일관성(一貫性)[한 일, 꿸 관, 성질 성]: 하나(一)로 꿰맨(貫) 성질(性質)

처음부터 끝까지 한결같은 성질로, 통일성과 같은 의미예요. 하나의 방법이나 태도라고 할 수 있죠. 참고로 관성(慣性)[버릇/익숙할 관, 성질 성]은 익숙해지려는 성질로 물체가 밖의 힘을 받지 않는다면 정지 상태 또는 운동 상태를 유지하려는 성질을 뜻해요.

긴밀성(緊密性)[굳게얽을 긴, 빽빽할 밀, 성질 성]: 매우 굳게 얽어(緊) 빽빽한(密) 성질(性質)

관계가 서로 밀접한 것을 말합니다. 즉 글에서 문장들 간의 연결이 자연스러운 것을 의미하죠.

평이성(平易性)[평평할 평, 쉬울 이, 성질 성]: 까다롭지 않고(平) 정리되어 쉬운(易) 특성(特性)

설명문의 특징으로, 읽는 이가 글의 내용을 쉽게 이해하도록 쉬운 어휘를 사용해 간결한 문장으로 쓰는 것을 말합니다.

명료성(明瞭性)[밝을 명, 눈밝을 료, 성질 성]: 눈이 밝아질(瞭) 정도로 분명(分明)한 특성(特性)

설명문의 특징으로, 문장의 뜻이 분명하게 전달되도록 정확하게 표현하는 것을 말해요.

체계성(體系性)[몸 체, 이어맬 계, 성질 성]: 낱낱이 다른 것을 계통(系統)을 세워 통일한 전체(全體)의 특성(特性)

설명문이나 주장하는 글의 특징으로, 일정한 순서나 원리에 따라 짜임새 있게 구성하는 성질이에요.

타당성(妥當性)[온당할 타, 마땅할 당, 성질 성]: 이치에 온당하게(妥) 들어맞는(當) 성질(性質)

주장하는 글의 특징으로, 주장을 뒷받침하는 근거가 알맞고 논리적인 것을 말합니다.

신뢰성(信賴性)[믿을 신, 의지할 뢰, 성질 성]: 굳게 믿고(信) 의지하는(賴) 성질(性質)

주장하는 글의 특징으로, 출처가 분명하고 믿을 만한 근거를 사용해 글을 쓰는 것을 말한답니다.

신빙성(信憑性)[믿을 신, 기댈 빙, 성질 성]: 믿고(信) 기댈(憑) 만한 성질(性質)

믿어서 근거나 증거로 삼을 수 있는 것을 말해요.

구전성(口傳性)[입 구, 전할 전, 성질 성]: 사람의 입(口)에서 입으로 전하는 (傳) 성질(性質)

설화의 특징이에요. 말로 전해 내려오기 때문에 그 과정에서 내용이 첨삭(添削)[더할 첨, 깎을 삭: 더하거나 사라짐]되어 변형되기도 해요.

집단성(集團性)[모일 집, 모일 단, 성질 성]: 여럿이 모여(集) 이룬 모임(團)의 성질(性質)

설화처럼 한 개인이 지은 글이 아니라 여러 사람들이 모여 집단적으로 지은 글의 특성이죠.

자의성(恣意性)[마음대로/방자할 자, 뜻 의, 성질 성]: 제멋대로(恣) 하는 생각 (意)이 이루어지는 성질(性質)

나무를 우리말로는 '나무', 영어로는 '트리(tree)', 독일어로는 '바움 (baum)'이라고 하죠. 이처럼 대상을 가리키는 말소리와 대상 사이에 직접적인 연관이 없는 성질을 '자의성'이라고 해요. 즉 언어에서 소리 와 의미의 관계는 사회적 약속에 따라 이루어지는 특성이죠. 그런데 자(恣)는 '방자하다'는 뜻을 같이 가지고 있어요. 어려워하거나 조심스 러워하는 태도가 없이 무례하고 건방지다는 의미랍니다. 이 때문에 '마음대로 하는 것'은 '질서를 무시하고 제멋대로 하는 것'이라는 부정 적 의미로 확대되기도 해요. 예를 들어 "법을 자의적으로 적용해서는 안 된다."라는 문장은 법이라는 일정한 질서를 자기 마음대로 해석해서 제멋대로 적용하면 안 된다는 뜻입니다. 일정한 질서가 있음에도 불구하고 그것을 무시하고 제멋대로 하는 것도 자의적이라고 한다는 것을 알 수 있죠.

📝 반대어로 이해하기

필연성 ⟷ 우연성

필연성(必然性)[반드시 필, 그러할 연, 성질 성]: 반드시(必) 그렇게 되는(然) 성질(性質)

> 예를 들어 지구상의 어떤 사과든지 나무에 열린 사과는 중력에 의해 땅으로 떨어지죠. 이런 경우 "어떤 물체든 필연적으로 높은 곳에서 낮은 곳으로 떨어진다."라고 말할 수 있어요. 이렇게 100% 확실하게 결과가 나오는 성질을 '필연성'이라고 합니다.

우연성(偶然性)[짝/우연할 우, 그러할 연, 성질 성]: 아무런 인과(因果)[인할 인, 실과 과: 원인과 결과]관계가 없이 뜻하지 아니하게 일어나는(偶) 그러한(然) 성질(性質)

力 (힘 력)

단어 뒤에 '력'을 붙인 개념어 이해하기

力(힘 력)은 힘을 주어서 근육이 불거진 팔 모양을 본뜬 글자입니다. 예를 들어 역량(力量)은 '무엇이 가진 힘(力)의 양(量)'으로 '어떤 일을 할 수 있는 힘'을 말해요. 이렇게 단어 뒤에 '력'을 붙여 '~하는 능력'의 뜻으로 쓰인답니다.

🖍 한 단어로 이해하기

어휘력(語彙力)[말씀 어, 무리 휘, 힘 력]: 단어(單語)들을 모은 무리(彙)를 이해하고 사용할 수 있는 능력(能力)

독해력(讀解力)[읽을 독, 풀 해, 힘 력]: 글을 읽어서(讀) 뜻을 이해(理解)하는 능력(能力)

사고력(思考力)[생각 사, 헤아릴 고, 힘 력]: 생각해(思) 자세하고 깊이 헤아리는(考) 능력(能力)

잠재력(潛在力)[잠길 잠, 있을 재, 힘 력]: 겉으로 드러나지 않고 속에 잠겨(潛) 있는(在) 능력(能力)

집중력(集中力)[모일 집, 가운데 중, 힘 력]: 한곳을 중심(中心)으로 모으는(集) 능력(能力)

한 가지 일에 모든 힘을 쏟아붓는 능력을 말해요.

변별력(辨別力)[가려낼 변, 다를 별, 힘 력]: 서로 다른(別) 점을 가려낼(辨) 수 있는 능력(能力)

사물의 시비(是非)[옳을 시, 아닐 비: 옳고 그름]나 선악(善惡)을 가려낼 수 있는 힘을 말합니다. 시험 문제가 쉬워서 공부를 열심히 한 학생과 하지 않은 학생을 가리지 못할 때도 '변별력'이 없다고 해요.

경쟁력(競爭力)[다툴 경, 다툴 쟁, 힘 력]: 서로 다투어(競=爭) 앞서거나 이기려는 능력(能力)

호소력(呼訴力)[부를 호, 하소연할 소, 힘 력]: 남을 불러(呼) 공감할 수 있게 하소연하는(訴) 능력(能力)

化 (될 화)

단어 뒤에 '화'를 붙인 개념어 이해하기

化(될 화)는 亻[人(사람 인)의 변형]에 匕(변화할 화)가 합쳐진 글자입니다.
뒤에 '화'가 붙으면 '~로 되기' 또는 '~로 되는 것'의 뜻으로 쓰입니다.

 한 단어로 이해하기

가시화(可視化)[옳을/가히 가, 볼 시, 될 화]: 가히(可) 볼(視) 수 있게 됨(化)

어떤 현상이 실제로 드러나 눈으로 보이는 것을 말해요. 예를 들어
"대기업들의 중국 진출이 가시화되기 시작했다."는 대기업들이 중국
으로 진출하는 모양새가 바깥으로 드러났다는 뜻입니다.

시각화(視覺化)[볼 시, 깨달을 각, 될 화]: 눈으로 보고(視) 깨닫게(覺) 됨(化)

평준화(平準化)[평평할 평, 법도/고를 준, 될 화]: 사물들이 평평하고(平) 고르게(準) 됨(化)

> **평균**(平均)[평평할/바를 평, 고를 균]: 수(數)나 양(量)이 바르고(平) 고름(均). 수학에서 여러 수의 중간 값을 구하는 것을 의미하거나 그 값 자체를 의미

관습화(慣習化)[익숙할 관, 익힐 습, 될 화]: 한 사회에서 오랫동안 지켜 내려오고 익숙해져(慣) 그 사회 구성원들이 널리 인정하는 질서나 풍습(風習)이 되는(化) 것

> 관습으로 굳어지는 것을 말해요. 습관(習慣)은 개인적인 것이고 관습은 사회적인 것이므로, 달리 표현하면 관습은 '사회적인 습관'이라고 할 수 있습니다. 따라서 '관습화'는 '그 사회 사람들이 습관적으로 당연히 그러하다고 생각하는 것으로 굳어지는 질서'입니다

근대화(近代化)[가까울 근, 대신할/시대 대, 될 화]: 얼마 지나가지 않은 가까운(近) 시대(代)가 되는(化) 것

> '근대'는 '지나간 지 얼마 안 되는 가까운 시대'를 말해요. 여기에 '화'를 붙이면 전(前)근대적인 상태에서 근대적인 상태로, 또는 후진적(後進的)인 상태에서 선진적(先進的)인 상태가 되는 것을 뜻합니다.

형상화(形象化)[모양 형, 코끼리/끌 상, 될 화]: 사물의 생긴 모양(形)이나 상태(象)로 되는(化) 것

'모양을 가진 형태가 되게 하는 것'이죠. 모양이 없는 것, 예를 들어 생각이나 느낌을 '눈에 보이는 구체적인 특정 형태로 나타내는 것'을 뜻합니다. 보통은 문학작품에서 작가의 생각이나 느낌을 구체화했을 때 '형상화하고 있다'고 한답니다.

희화화(戲畵化)[희롱할 희, 그림 화, 될 화]: 익살맞게(戲) 그린 그림(畵)이 됨(化)

어떤 인물의 외모나 성격, 또는 사건이 의도적으로 우스꽝스럽게 묘사되거나 풍자되는 것을 말해요. ▶69쪽 참조

感 (느낄 감)

단어 뒤에 '감'을 붙인 개념어 이해하기

感(느낄 감)은 咸(다 함)에 心(마음 심)이 합쳐진 글자입니다. 단어 뒤에 '감'을 붙여 '~로 하는 감정'이 되죠. 따라서 '~하는 느낌'의 의미로 쓰여요.

한 단어로 이해하기

긴장감(緊張感)[굳게얽을/팽팽할 긴, 베풀/당길 장, 느낄 감]: 팽팽하게(緊) 당기는(張) 느낌(感)

　　장(張)은 '활(弓)시위를 길게(長) 잡아당기는 모양'이에요. '긴장'은 실을 얽어서 당기는 것이니 '마음을 조이고 정신을 차린다'라는 뜻이죠. 또한 분위기가 안 좋을 때 마음을 졸이니 '분위기가 평온하지 않은 상태'를 의미해요.

현장감(現場感)[나타날/지금 현, 마당 장, 느낄 감]: 지금(現) 그곳(場)에 있는 듯한 느낌(感)

현장은 '어떤 사물이 있는 바로 그곳, 어떤 사건이 발생한 바로 그곳'이라는 뜻입니다. 따라서 '현장감'은 '어떤 일이 일어난 바로 그곳에서만 느낄 수 있는 느낌' '지금 거기에 있는 듯한 느낌'으로 해석할 수 있어요.

생동감(生動感)[날 생, 움직일 동, 느낄 감]: 생기(生氣) 있게 살아 움직이는(動) 듯한 느낌(感)

적대감(敵對感)[원수 적, 대답할/맞설 대, 느낄 감]: 적(敵)으로 맞서는(對) 느낌(感). 적으로 여기는 감정

상실감(喪失感)[잃을 상, 잃을 실, 느낄 감]: 무엇인가를 잃어(喪=失)버린 느낌(感) 또는 감정

기대감(期待感)[기약할/기간 기, 기다릴 대, 느낄 감]: 어느 때(期)가 성취되기를 기다리고(待) 바라는 느낌(感)

좌절감(挫折感)[꺾일 좌, 꺾을 절, 느낄 감]: 뜻이 꺾이는(挫=折) 듯한 느낌(感)

📝 반대어로 이해하기

열등감 ↔ 우월감

열등감(劣等感)[못할 렬, 같을/등급 등, 느낄 감]: 보통 수준이나 등급(等級)보다 못하다고(劣) 여기는 느낌(感). 자신이 남보다 못하다고 느낌

우월감(優越感)[뛰어날 우, 넘을 월, 느낄 감]: 남보다 뛰어나(優) 훨씬 넘어선다고(越) 여기는 느낌(感)

소리는 같으나 뜻이 다른 말을 '동음이의어'라고 해요. 교과서에도 수많은 동음이의어가 쓰이죠. 제대로 구별하지 않으면 헷갈릴 수밖에 없습니다. 여기에서는 한자의 훈음(訓音)을 읽는 공부를 할 거예요. 쓰는 것보다 읽을 수 있는 것이 중요하니까요. '음(音)'만을 읽지 말고 '훈(訓)'을 꼭 명심하면서 읽어주세요. 그렇게 눈으로 보면서 큰소리로 읽다 보면 자연스레 한자어가 익혀질 거예요.

PART 3

중학생이라면 꼭 알아야 할
소리는 같아도 뜻이 다른 말

동음이의어
소리는 같아도 뜻이 다른 말

단어는 소리와 뜻으로 이루어져 있어요. 그런데 단어의 소리는 같지만 뜻이 다른 경우가 있어요. 이를 '동음이의어(同音異意語)[같을 동, 소리 음, 다를 이, 뜻 의, 말씀 어]'라고 합니다. 물론 정확한 한자어를 몰라도 문장 안에서 그 뜻을 이해할 수 있어요. 그렇지만 한자를 알면 더 명확하게 그 뜻을 알 수 있습니다.

예를 들어 장(長)은 '길다'라는 뜻의 한자예요. 그렇지만 장남(長男)[맏이 장, 사내 남]에서는 '맏이', 성장(成長)[이룰 성, 어른 장]에서는 '어른', 장점(長點)[나을 장, 점 점]에서는 '낫다'는 뜻으로 쓰이죠. 이렇게 한자를 알고 나면 동음이의어를 쉽게 익힐 수 있답니다.

166

가격

가격(價格)[값 가, 격식/이를 격]: 값(價)의 이름(格). 물건이 지니고 있는 가치를 돈으로 나타낸 것

　　예 농산물의 유통 경로가 줄어들면서 소비자 가격이 내렸다.

가격(加擊)[더할 가, 칠 격]: 공격(攻擊)을 가(加)함. 치거나 때림

　　예 상대방의 급소를 가격했다.

가공

가공(加工)[더할 가, 장인 공]: 인공(人工)을 더함(加)

　　예 그 보석은 정교하게 가공되었다.

가공(可恐)[옳을/가히 가, 두려워할 공]: 가히(可) 두려워할(恐) 만함

　　예 핵무기는 가공할 만한 파괴력을 지녔다.

가공(架空)[시렁/건너지를 가, 빌 공]: 공중(空中)에 가로 건너지름(架). 이유나 근거가 없이 거짓이나 상상으로 꾸며냄

　　예 영화나 소설 속에 나오는 주인공은 작가가 만들어낸 가공 인물인 경우가 많다.

가구

가구(家口)[집 가, 입 구]: 집안(家) 식구(食口)

　　예 농사를 짓는 가구가 해마다 줄고 있다.

가구(家具)[집 가, 갖출 구]: 집안(家) 살림에 쓰이는 각종 기구(器具)

> ⑩ 신혼집에 새 <u>가구</u>가 들어왔다.

가설

가설(假說)[거짓/임시 가, 말씀 설]: 어떤 사실의 원인을 설명하거나 어떤 이론체계를 임시(假)로 설정한 명제(說)

> ⑩ 그 과학자는 자신의 주장을 뒷받침할 몇 가지 <u>가설</u>을 제시했다.

가설(假設)[거짓/임시 가, 베풀/설치할 설]: 임시(假)로 설치함(設)

> ⑩ 사람들은 학교 운동장에 천막을 쳐서 극장을 <u>가설</u>했다.

가설(架設)[시렁/건너지를 가, 베풀/설치할 설]: 전깃줄 등을 공중에 가로질러(架) 설치함(設)

> ⑩ 전쟁통에 통신병이 <u>가설</u>한 전선 가닥이 마치 거미줄처럼 어지럽게 엉켜 있다.

가정

가정(家庭)[집 가, 뜰 정]: 한 가족(家)이 생활하는 공간(庭)

> ⑩ 가족 간의 대화는 행복한 <u>가정</u>을 위한 첫걸음이다.

가정(假定)[거짓/임시 가, 정할 정]: 임시(假)로 정함(定)

> ⑩ 그의 머릿속에는 만약이라는 <u>가정</u>이 항상 존재하고 있다.

감수

감수(甘受)[달 감, 받을 수]: 책망이나 고통, 모욕 따위를 군말 없이 달게 (甘) 받음(受)

  예 많은 고통을 감수했기에 오늘의 성공이 있었다.

감수(監修)[볼 감, 닦을 수]: 책을 편찬하고 수정(修正)하는 일을 지도 감독 (監督)함

  예 이 책은 저명한 학자의 감수를 받았다.

> **감수성(感受性)[느낄 감, 받을 수, 성질 성]**: 외부의 자극을 받아(受) 느낌(感)을 일으키는 성질(性質) 예 그 아이는 감수성이 풍부했다.

감정

감정(感情)[느낄 감, 뜻 정]: 느끼어(感) 일어나는 심정(心情)

  예 음악은 사람의 감정을 순화한다.

감정(鑑定)[거울/살펴볼 감, 정할 정]: 사물의 값어치, 좋고 나쁨, 진짜와 가짜 등을 살펴서(鑑) 판정(判定)함

  예 고미술품을 감정하는 일은 어렵다.

강점

강점(强占)[강할/억지로 강, 점칠/차지할 점]: 억지로(强) 빼앗아 차지함(占)

　　㉠ 우리나라 사람이라면 국권이 일제에 <u>강점</u>당했었다는 사실을 한시도

잊어서는 안 된다.

강점(强點)[강할 강, 점 점]: 남보다 우세하거나 더 뛰어난(强) 점(點)

　　㉠ 경쟁사회에서 살아남기 위해서 자신만의 <u>강점</u>을 찾아야 한다.

강화

강화(强化)[강할 강, 될 화]: 모자라는 점을 보완해 더 튼튼하게(强) 함(化)

　　㉠ 국제 경쟁력을 <u>강화</u>하다.

강화(講和)[풀이할/화해할 강, 화할 화]: 싸움을 그치고 화해해(講) 평화(平和)

로운 상태가 됨

　　㉠ 두 나라가 전쟁을 종식하고 <u>강화</u>하기로 했다.

개선

개선(改善)[고칠 개, 착할/좋을 선]: 고쳐서(改) 좋게(善) 함

　　㉠ 근무 여건이 <u>개선</u>되어서 일하기가 편해졌다.

개선(凱旋)[즐길 개, 돌 선]: 승리의 기쁨(凱)을 안고 돌아옴(旋)

　　㉠ 적을 물리치고 <u>개선</u>장군이 되어 돌아왔다.

개정

개정(改正)[고칠 개, 바를 정]: 고쳐(改) 바르게(正) 함

　(예) 헌법을 개정하다.

개정(改定)[고칠 개, 정할 정]: 한 번 정했던 것을 고쳐(改) 다시 정함(定)

　(예) 마라톤 대회 날짜를 개정했다.

개정(改訂)[고칠 개, 바로잡을 정]: 잘못된 내용을 고쳐(改) 바로잡음(訂)

　(예) 책의 내용 일부를 개정해 출간했다.

건조

건조(建造)[세울 건, 지을 조]: 배나 건물 따위를 세워서(建) 만듦(造)

　(예) 이순신 장군은 거북선을 건조했다.

건조(乾燥)[하늘/마를 건, 마를 조]: 습기나 물기가 없이 마른(乾=燥) 상태

　(예) 건조한 날씨에는 산불을 조심해야 한다.

검사

검사(檢事)[검사할 검, 일 사]: 범죄 사건(事件)을 수사하고 공소를 제기하는 등 검찰권(檢察權)을 행사하는 사법관

　(예) 그는 검사 출신의 변호사다.

검사(檢査)[검사할 검, 조사할 사]: 살피어 검토(檢討)하고 조사함(査)

　(예) 철저한 검사를 통해 제품의 불량률을 줄였다.

격조

격조(格調)[격식 격, 고를 조]: 격식(格式)과 운치(韻致)에 어울리는 가락. 사람의 품격과 취향

> ㉠ 그녀는 항상 <u>격조</u> 있는 어투로 말했다.

격조(隔阻)[사이뜰 격, 막힐 조]: 멀리 떨어져(隔) 있어 서로 소식이 막힘(阻)

> ㉠ 그 사람과는 오랫동안 <u>격조</u>해 연락처도 알지 못한다.

결사

결사(結社)[맺을 결, 모일/단체 사]: 단체(社)를 결성(結成)함

> ㉠ 나라를 빼앗기자 전국에서 독립을 위한 비밀 <u>결사</u>가 조직되었다.

결사(決死)[결정할 결, 죽을 사]: 죽기(死)를 각오하고 있는 힘을 다할 것을 결심(決心)함

> ㉠ 양쪽 집안 모두 그들의 결혼을 <u>결사</u>반대했다.

경계

경계(境界)[지경 경, 지경 계]: 지역(地域)이 갈라지는 한계(限界)

> ㉠ 꿈이 너무 생생해서 현실과의 <u>경계</u>가 뚜렷하지 않았다.

경계(警戒)[경계할 경, 경계할 계]: 범죄나 사고 등 좋지 않은 일이 일어나지 않도록 미리 마음을 가다듬어 조심함(警=戒)

> ㉠ <u>경계</u>의 눈초리를 거두지 않았다.

172

경기

경기(景氣)[볕 경, 기운 기]: 밝은(景) 기운(氣). 경제활동이 활발해 돈이 잘 도는 일

> **예** 국민들의 반응을 보니 현 정부의 경기 부양책은 비교적 성공적이었다고 할 수 있다.

경기(競技)[다툴 경, 재주 기]: 일정한 규칙 아래 기량(技倆)의 낫고 못함을 서로 겨루는(競) 일

> **예** 준결승전에는 강력한 우승 후보와 경기해야 한다.

경기(京畿)[서울 경, 경기 기]: 서울(京)을 중심으로 한 가까운 주변의 땅(畿). 경기도

> **예** 경기 이북 지방에 주둔하던 군사들이 물러났다.

경기(驚氣)[놀랄 경, 기운 기]: 놀란(驚) 기색(氣色)

> **예** 겨우 돌을 넘은 아기는 경기 들린 듯 하루 종일 울어 댔다.

경비

경비(經費)[지날 경, 쓸 비]: 어떠한 일을 하는 데 드는(經) 비용(費用)

> **예** 상가를 유지하는 데는 경비가 많이 든다.

경비(警備)[경계할 경, 갖출 비]: 경계(警戒)하고 대비(對備)함

> **예** 경비가 허술한 틈을 타 도둑이 침입했다.

경사

경사(傾斜)[기울 경, 비낄 사]: 기울어지고(傾) 비스듬한(斜) 정도나 상태

    ⑩ 그 산은 <u>경사</u>가 급해서 오르기가 힘들다.

경사(慶事)[경사 경, 일 사]: 매우 즐겁고 기쁜(慶) 일(事)

    ⑩ 얼씨구, <u>경사</u> 났네, 경사 났어.

경시

경시(輕視)[가벼울 경, 볼 시]: 가볍게(輕) 봄(視). 대수롭지 않게 여김 ↔ 중시(重視)

    ⑩ 현대 사회는 생명의 가치를 <u>경시</u>하는 풍조가 만연해 있다.

경시(競試)[다툴 경, 시험 시]: 분야의 특기자들이 모여 치르는(競) 시험(試驗). 경시대회의 준말

    ⑩ 그는 도내 수학 <u>경시</u>대회에서 1등을 했다.

경연

경연(競演)[다툴 경, 펼 연]: 개인이나 단체가 모여서 연기(演技)를 겨룸(競)

    ⑩ 그녀는 노래 <u>경연</u> 대회에서 당당히 금상을 탔다.

경연(經筵)[지날/경서 경, 대자리 연]: 고려·조선 시대에 임금 앞에서 경서(經書)를 강론하는 자리(筵)

    ⑩ 세종대왕께서는 밤마다 <u>경연</u>을 열어 신하들을 독려했다.

고가

고가(古家)[옛 고, 집 가]: 지은 지 오래된(古) 집(家) = 고옥(古屋)

　　⑩ 이 마을에는 지은 지 100년이 넘는 <u>고가</u>가 몇 채 있다.

고가(高價)[높을 고, 값 가]: 높은(高) 가격(價格). 비싼 값

　　⑩ <u>고가</u>이니까 깨지지 않도록 조심히 다루세요.

고가(高架)[높을 고, 시렁/건너지를 가]: 땅 위에 높다랗게(高) 건너지름(架)

　　⑩ 지하철 <u>고가</u> 선로를 받치는 교각이 무너지는 사고가 일어났다.

고도

고도(古都)[옛 고, 도읍 도]: 옛(古) 도읍(都)

　　⑩ 경주는 신라의 <u>고도</u>다.

고도(高度)[높을 고, 법도/정도 도]: 높이(高)의 정도(程度)

　　⑩ 현재 이 비행기는 <u>고도</u> 5천m 상공을 비행하고 있습니다.

고도(孤島)[외로울 고, 섬 도]: 육지에서 멀리 떨어진 외딴(孤) 섬(島)

　　⑩ 주변을 둘러보니 바다 외에는 아무것도 찾아볼 수 없는 절해의 <u>고도</u>

였다.

고문

고문(古文)[옛 고, 글월 문]: 옛(古) 글(文) ↔ 현대문(現代文)

　　⑩ 그는 <u>고문</u>에 능통한 학자다.

고문(拷問)[때릴 고, 물을 문]: 때리며(拷) 신문(訊問)함

⑩ 그는 투옥 중에 <u>고문</u>을 심하게 당했다.

고문(顧問)[돌아볼 고, 물을 문]: 어떤 분야에 전문적인 지식이나 경험을 가지고 있어 자문(諮問)에 응해(顧) 의견을 말하는 직책 또는 그 직책에 있는 사람

⑩ 유능한 <u>고문</u>변호사를 찾기 위해 공개 모집을 실시했다.

고시

고시(告示)[알릴 고, 보일 시]: 행정기관이 일반 국민들에게 널리 알리기(告) 위해 글로 써서 게시(揭示)함

⑩ 이 지역은 택지개발 예정지구로 <u>고시</u>되어 있다.

고시(考試)[상고할/살필 고, 시험 시]: 시험(試驗) 성적을 살펴서(考) 등수를 매기는 일. 어떤 자격이나 면허를 주기 위해 시행하는 시험

⑩ 그녀는 중학교, 고등학교를 내리 검정<u>고시</u>로 대학에 진학했다.

고시(高試)[높을 고, 시험 시]: 고등고시(高等考試)의 준말. 행정 고급 공무원·법관·검사·변호사의 자격 여부를 판단하기 위해 나라에서 실시하던 자격시험

⑩ 그는 대학 재학중에 사법·행정·외무 <u>고시</u>를 모두 합격한 당대의 천재였다.

고전(古典)[옛 고, 법/책 전]: 고대(古代)의 책(典). 시대를 대표할 만한 가치를 지닌 문예작품

> 예 그 책은 철학의 <u>고전</u>으로 불리는 책이다.

고전(苦戰)[쓸 고, 싸움 전]: 몹시 고생(苦生)스럽고 힘든 싸움(戰)

> 예 이번 경기는 선수들의 부상으로 <u>고전</u>을 면치 못했다.

공기(空氣)[빌/하늘 공, 기운 기]: 하늘(空)에 가득한 대기(大氣)

> 예 비가 오고 난 후 <u>공기</u>가 깨끗해졌다.

공기(空器)[빌 공, 그릇 기]: 아무것도 담겨 있지 않은 빈(空) 그릇(器)

> 예 얼마나 굶주렸던지 그는 밥 세 <u>공기</u>를 단숨에 먹어 치웠다.

공기(公器)[공평할/여러 공, 그릇 기]: 공공(公共)의 물건(器). 여러 사람에게 영향을 미치는 공공성을 띤 기관

> 예 신문이 사회의 <u>공기</u>로서 그 역할을 다할 때 진정한 언론 매체가 될 수 있다.

공기(工期)[장인 공, 기약할/기간 기]: 공사(工事)하는 기간(期間)

> 예 건설사의 모든 직원들은 <u>공기</u> 단축을 위해 새벽부터 밤늦게까지 열심히 일했다.

공리(公利)[공평할/여러 공, 이로울 리]: 공공(公共)의 이익(利益) ↔ 사리(私利)

> 예 정치인은 사리사욕을 버리고 <u>공리</u> 공익을 먼저 생각해야 한다.

공리(公理)[공평할/여러 공, 다스릴/이치 리]: 널리 여러(公) 사람에게 통용되는 도리(道理). 자명한 이치

> 예 이 <u>공리</u>야말로 누구도 무너뜨릴 수도, 변경할 수도 없는 철칙이다.

공리(空理)[빌 공, 다스릴/이치 리]: 실제와 동떨어진 쓸데없는(空) 이론(理論)

> 예 사실에 근거해 실천하면 <u>공리</u>공론으로 끝나지 않는다.

공리(功利)[공로 공, 이로울 리]: 공명(功名)과 이익(利益). 다른 목적을 실현하는 데 도움이 되는 것

> 예 너의 직업관을 들어보니 다분히 <u>공리</u>주의적이구나.

공리주의(功利主義)[공로 공, 이로울 리, 주인 주, 뜻 의]: 쾌락·행복·이익 등을 가치의 기준 또는 인생의 지상 목표로 삼는 학설 = 실리주의(實利主義)

공명(公明)[공평할/여러 공, 밝을 명]: 사사로움이 없이 공정(公正)하고 숨김 없이 명백(明白)히 함

> 예 민주주의는 <u>공명</u>정대한 선거에서 출발한다.

공명(共鳴)[함께 공, 울 명]: 함께(共) 울림(鳴). 남의 사상과 의견에 동감함

  ⑩ 이 이야기에는 공명이 가지 않았다.

공명(功名)[공로 공, 이름 명]: 공로(功勞)를 세워 이름(名)을 널리 알림

  ⑩ 부귀와 공명을 좇아 살아온 10년의 세월이 헛되구나.

공모

공모(公募)[공평할/여러 공, 모을 모]: 일반인들에게 널리 공개(公開)해 모집(募集)함

  ⑩ 저축과 관련된 여러분의 생활 체험 수기를 공모합니다.

공모(共謀)[함께 공, 꾀할 모]: 모두 함께(共) 일을 꾸밈(謀). 공동모의(共同謀議)의 준말

  ⑩ 두 사람은 범행을 공모했다.

공사

공사(工事)[장인 공, 일 사]: 토목이나 건축 등(工)에 관한 일(事)

  ⑩ 그 아파트는 한창 공사가 진행되고 있다.

공사(公私)[공평할/여러 공, 사사로울 사]: 공적인(公) 일과 사사로운(私) 일

  ⑩ 공직자들은 공사의 구분이 분명해야 한다.

공사(公事)[공평할/여러 공, 일 사]: 공공(公共)에 관계되는 일(事)

  ⑩ 정월 초하루부터 초사흗날까지 관공서는 공사를 보지 않는다.

공사(公使)[공평할/여러 공, 하여금/부릴 사]: 국가(公)를 대표해 파견되는 외교 사절(使節)

　　⑩ 남산 밑에 자리 잡고 있는 일본 공사의 관저는 정원이 넓기로 소문나 있었다.

공사(公社)[공평할/여러 공, 모일/회사 사]: 국가적 사업을 수행하기 위해 설립된 공공(公共) 기업체(社)

　　⑩ 한국관광공사는 '한일관광교류 확대 심포지엄'을 열었다.

공수

공수(攻守)[칠 공, 지킬 수]: 공격(攻擊)과 수비(守備)

　　⑩ 우리나라 축구 대표 팀은 공수 전환이 무척 빠르다.

공수(空輸)[빌/하늘 공, 보낼/나를 수]: 항공수송(航空輸送)의 준말. 항공기를 이용해 사람이나 예술품, 우편물이나 짐 등을 옮기는 일

　　⑩ 이번 전시회를 위해 해외 유명 화가의 진품 그림을 공수해왔다.

공약

공약(公約)[공평할/여러 공, 묶을 약]: 사회 공중(公衆)에 대한 약속(約束)

　　⑩ 후보들은 경쟁적으로 유권자들에게 공약을 내놓았다.

공약(空約)[빌 공, 묶을 약]: 헛된(空) 약속(約束)

　　⑩ 당선자들은 공약(公約)이 공약이 되지 않도록 노력해야 한다.

공전(公轉)[공평할/공변될 공, 구를 전]: 한 천체가 다른 천체(公)의 둘레를 주기적으로 도는(轉) 일 ↔ 자전(自轉)

　　㉡ 달이 자전하는 주기는 달이 공전하는 주기와 같다.

공전(空轉)[빌 공, 구를 전]: 헛(空)도는(轉) 일. 일이나 행동이 헛되이 진행됨. 헛돎

　　㉡ 두 나라간의 협상이 계속 공전하다가 결국 전쟁이 터지고 말았다.

공전(空前)[빌 공, 앞 전]: 비교할 만한 것이 전(前)에는 없었음(空)

　　㉡ 그 가수의 노래는 공전의 히트작이다.

공중(公衆)[공평할/여러 공, 무리 중]: 사회의 여러(公) 사람들(衆). 일반인

　　㉡ 국가의 정책이 결정될 때는 소수보다 다수, 특권층보다는 공중이 먼저 고려된다.

공중(空中)[빌/하늘 공, 가운데 중]: 하늘(空)의 한가운데(中)

　　㉡ 새가 공중을 마음껏 날아다니고 있다.

공포(公布)[공평할/여러 공, 베/펼 포]: 공개적(公開的)으로 널리(布) 알림

　　㉡ 정부는 한강 하류 지역에 환경오염이 심하다고 공포했다.

공포(恐怖)[두려워할 공, 두려워할 포]: 무서워 두려워함(恐=怖)

　　예 여름에는 무서운 <u>공포</u> 영화가 제격이다.

과거

과거(過去)[지날 과, 갈 거]: 지나(過) 감(去). 지난날

　　예 역사는 단순히 <u>과거</u>라는 뜻도 갖고 있지만 기록이라는 뜻도 있다.

과거(科擧)[과목 과, 들 거]: 관리를 뽑을(擧) 때 실시하던 시험(科)

　　예 조선 시대에는 <u>과거</u>를 통해 훌륭한 인재를 많이 배출했다.

과정

과정(過程)[지날 과, 길/정도 정]: 일이 되어가는(過) 정도(程度)나 경로

　　⑩ 모든 일은 결과만큼 과정도 중요하다.

과정(課程)[매길 과, 길/정도 정]: 과업(課業)의 정도(程度). 일정한 기간에 교육하거나 학습해야 할 과목의 내용과 분량

　　⑩ 최고 경영자 과정을 수료하다.

관례

관례(慣例)[버릇 관, 법식 례]: 이전부터 내려와 습관(習慣)처럼 된 일(例)

　　⑩ 서로 의견이 일치되지 않으니 관례대로 합시다.

관례(冠禮)[갓 관, 예도 례]: 아이가 어른이 되었다는 의미로 갓(冠)을 쓰고 올리던 예식(禮式)

　　⑩ 여러분들은 절차를 밟아 관례를 치렀기 때문에 이제부터는 어른답게 행동해야 합니다.

관리

관리(管理)[대롱/맡을 관, 다스릴 리]: 일을 맡아(管) 처리(處理)함

　　⑩ 양도 소득세 관리가 엄격해졌다.

관리(官吏)[벼슬 관, 벼슬아치 리]: 관직(官職)에 있는 사람(吏)

　　⑩ 양국의 고위 관리들이 모여 정책을 협의했다.

협의(協議)[도울/합할 협, 의논할 의]: 여럿이 모여(協) 의논(議論)함 = 협상(協商)

관장

관장(管掌)[대롱/맡을 관, 손바닥/맡을 장]: 일을 맡아서(掌) 관리(管理)함

　예 대출 업무를 관장하다.

관장(館長)[집 관, 긴/어른 장]: 도서관, 박물관, 전시관 등과 같이 '관(館)'자
가 붙은 기관의 최고 책임자(長)

　예 관장님은 오늘 도서관을 개관하지 않도록 지시했다.

관장(灌腸)[물댈 관, 창자 장]: 약물을 항문으로 넣어서 직장이나 대장(大腸)
에 들어가게(灌) 하는 일

　예 병상에 누워 제대로 움직이지도 못하시는 아버지가 불편하신 거 같아
관장을 해드렸다.

교감

교감(校監)[학교 교, 볼 감]: 학교장을 보좌해 교무(校務)를 감독(監督)하는
직책 또는 그런 사람

　예 그는 교감으로 승진한 지 얼마 안 되어 교장이 되었다.

교감(交感)[사귈/서로 교, 느낄 감]: 서로(交) 접촉해 따라 움직이는 느낌(感)

　예 우리는 대화를 통해 정서적 교감을 나누었다.

구도

구도(求道)[구할 구, 길 도]: 진리나 종교적인 깨달음의 경지(道)를 구함(求)

　　⑩ 그의 예술세계는 종종 구도의 여정으로 비유된다.

구도(構圖)[얽을 구, 그림 도]: 그림(圖)에서 보이는 모양·색깔·위치 등의 짜임새(構)

　　⑩ 좋은 구도를 잡으려면 무엇보다 가로와 세로의 비율을 균형 있게 잘 맞추어야 한다.

구조

구조(構造)[얽을/짤 구, 지을 조]: 부분이나 요소가 전체를 짜(構) 이룸(造)

　　⑩ 이 제품은 구조가 간단해 가격이 싸고 고장이 적다.

구조(救助)[구원할 구, 도울 조]: 어려움에 빠진 사람을 구원해(救) 도움(助)

　　⑩ 그는 신고를 받고 출동한 경찰에 구조되었다.

극단

극단(極端)[다할 극, 바를/끝 단]: 맨(極) 끄트머리(端). 중용을 벗어나 한쪽으로 치우치는 일

　　⑩ 절망의 극단에 이르러서야 비로소 그는 희망의 의미를 알게 되었다.

극단(劇團)[연극 극, 모일 단]: 연극(演劇) 상연을 목적으로 결성된 단체(團體)

　　⑩ 새 극단의 창단으로 연극계가 활기를 띠었다.

근간

근간(近間)[가까울 근, 사이 간]: 가까운(近) 시일의 동안(間). 요사이, 요즈음

   ㉘ 근간에 잘 지내고 있는지 궁금하다.

근간(根幹)[뿌리 근, 줄기 간]: 뿌리(根)와 줄기(幹). 사물의 바탕이나 중심이 됨

   ㉘ 신념과 태도는 한 사람의 정체성 형성의 근간이 된다.

근간(近刊)[가까울 근, 책펴낼 간]: 최근(最近)에 출판된 간행물(刊行物). 머지

않아 곧 출간함

   ㉘ 그 책 뒷면에는 근간 서적을 홍보하고 있다.

금수

금수(禁輸)[금할 금, 보낼 수]: 수입(輸入)이나 수출(輸出)을 못함

   ㉘ 경제 제재 조치의 하나로 석유 자원의 금수 조치가 내려졌다.

금수(禽獸)[날짐승 금, 길짐승 수]: 날짐승(禽)과 길짐승(獸)

   ㉘ 남의 은혜를 저버리는 사람은 금수만도 못하다.

금수(錦繡)[비단 금, 수놓을 수]: 비단(錦)에 수놓은(繡) 듯 아름다움

   ㉘ 그곳에 가면 우리나라가 금수강산이라는 말이 실감난다.

금수강산(錦繡江山)[비단 금, 수놓을 수, 강 강, 메 산]: '비단에 수를 놓은 것처럼 아름다운 산천'이라는 뜻으로, 우리나라의 산과 강을 비유적으로 이르는 말

기간

기간(期間)[기약할/기간 기, 사이 간]: 어느 일정한 시기(時期)에서 다른 시기까지의 사이(間)

　　예 그는 시험 기간에는 거의 잠을 자지 않는다.

기간(基幹)[터 기, 줄기 간]: 바탕(基)이 되고 줄기(幹)가 되는 것. 어떤 조직이나 체계를 이룬 것 가운데 중심이 되는 것

　　예 국가 기간 산업에 대한 정부의 특별융자가 시행되었다.

기술

기술(技術)[재주 기, 재주 술]: 사물을 잘 다룰 수 있는 재주(技=術)나 방법

　　예 기술이 좋은 정비사는 차를 금세 고쳤다.

기술(記述)[기록할 기, 지을 술]: 기록(記錄)하거나 문장을 지음(述)

　　예 이 역사책은 사료에 대한 철저한 해석과 객관적인 기술로 유명하다.

기원

기원(紀元)[벼리/실마리 기, 으뜸 원]: 새로운 출발이 되는 실마리(紀)의 으뜸(元). 연대(年代)를 계산하는 데 기준이 되는 해

　　예 기원후 2세기 무렵 고구려는 고대 국가 체제를 확립했다.

기원(起源)[일어날 기, 근원 원]: 사물이 생기기 시작한(起) 근원(根源)

　　예 인류는 아프리카에서 기원했다고 한다.

기원(祈願)[빌 기, 바랄 원]: 소원(所願)이 이루어지기를 빎(祈)

    예 우리가 기원한 대로만 된다면 얼마나 좋겠니?

기원(棋院)[바둑 기, 집 원]: 바둑(棋)을 즐기는 사람에게 시설과 장소를 빌려주고 돈을 받는 곳(院)

    예 기원에 가서 바둑이나 두자.

기지

기지(基地)[터 기, 땅 지]: 군대나 탐험대 활동의 기점(基點)이 되는 근거지(根據地). 터전

    예 독립 운동가들은 간도 등지에 독립의 기틀을 다질 기지를 마련했다.

기지(機智)[기계/기민할 기, 지혜 지]: 상황에 따라 기민(機敏)하게 움직이는 슬기(智)

    예 사람이 위급한 상황에 처하게 되면 평소에는 생각하기 어려운 기지를 발휘하기 마련이지.

기호

기호(畿湖)[경기 기, 호수 호]: 경기도와 황해도 남부, 충청남도 북부를 묶어서 일컫는 말

    예 조선 시대 때 기호 지역 선비들이 이룬 성리학의 학파를 '기호학파'라고 부른다.

기호(記號)[기록할 기, 부호 호]: 어떠한 뜻을 기록(紀錄)하기 위해 쓰이는 부호(符號)·문자·표지 등을 통틀어 이르는 말

　　예 기호를 사용해 도표화하다.

기호(嗜好)[즐길 기, 좋을 호]: 어떤 사물을 즐기고(嗜) 좋아함(好)

　　예 사람들은 각자의 기호에 따라 물건을 선택한다.

낙관

낙관(樂觀)[즐거울 락, 볼 관]: 인생이나 사물을 밝고 희망적인(樂) 것으로 봄(觀) ↔ 비관(悲觀)

　　예 회담 결과에 대해 낙관한다.

낙관(落款)[떨어질 락, 항목 관]: 글씨나 그림을 다 완성한 뒤에 연월일·장소·이름 등을 적어넣음. 붓으로 쓰는 것을 '락(落)'이라 하고 이름을 '관(款)'이라 함

　　예 이 그림은 낙관이 없어서 누구의 것인지 알 수 없다.

노후

노후(老後)[늙을 로, 뒤 후]: 늙은(老) 뒤(後)

　　예 노후 생활을 위해 연금에 가입했다.

노후(老朽)[늙을 로, 썩을 후]: 오래되고(老) 낡아서(朽) 제구실을 하지 못함

　　예 시설이 노후되어 시급히 교체해야 한다.

농담

농담(弄談)[희롱할 롱, 말씀 담]: 희롱하는(弄) 말(談). 실없이 하는 우스갯소리 ↔ 진담(眞談)

> ⑩ 박사는 제자의 재치 있는 <u>농담</u>에 껄껄 웃었다.

농담(濃淡)[짙을 농, 묽을 담]: 빛깔이나 맛의 짙고(濃) 엷은(淡) 정도

> ⑩ 하늘빛의 <u>농담</u>은 오른쪽과 왼쪽이 뚜렷이 달랐다.

녹음

녹음(錄音)[기록할 록, 소리 음]: 소리(音)를 재생할 수 있도록 기계로 기록(記錄)하는 일

> ⑩ <u>녹음</u>이 잘 되어 소리가 선명하게 들렸다.

녹음(綠陰)[푸를 록, 그늘 음]: 푸른(綠) 잎이 우거진 나무의 그늘(陰)

> ⑩ 햇살이 눈부신 여름날, <u>녹음</u>이 우거져 있다.

단상

단상(壇上)[제단 단, 위 상]: 연단(演壇)이나 교단(教壇)의 위(上)

> ⑩ 그의 이름이 호명되자 <u>단상</u>으로 올라갔다.

단상(斷想)[끊을 단, 생각 상]: 때에 따라 떠오르는 단편(斷片)적인 생각

> ⑩ 작가는 평소에 적은 <u>단상</u>들을 묶어 책으로 냈다.

단신

단신(單身)[홀 단, 몸 신]: 혼자(單)의 몸(身). 홀몸

　　예 그는 단신으로 적진에 뛰어들었다.

단신(短身)[짧을 단, 몸 신]: 작은(短) 키의 몸(身) ↔ 장신(長身)

　　예 그는 단신이지만 장신 선수들을 제치고 올해 최우수 선수로 뽑혔다.

단신(短信)[짧을 단, 믿을/편지 신]: 짤막한(短) 편지(書)나 짤막하게 전하는

뉴스

　　예 스포츠 단신을 전하다.

단편

단편(斷片)[끊을 단, 조각 편]: 여럿으로 쪼개져 끊어진(斷) 조각(片)으로 전체 가운데 한 부분

⑩ 오래전 기억의 <u>단편</u>들이 아직도 내 머릿속에 남아 있다.

단편(短篇)[짧을 단, 책 편]: 짧은(短) 글(篇). 단편소설(短篇小說)의 준말

⑩ 그는 우리나라의 대표적인 <u>단편</u>소설가다.

대사

대사(大使)[큰 대, 하여금/부릴 사]: 나라를 대표해 다른 나라에 파견되어 외교를 맡아보는 최고(大) 직급의 사신(使臣)

⑩ 대통령의 취임식에는 외교 사절과 각국의 <u>대사</u>가 참석했다.

대사(臺詞)[대/무대 대, 말씀 사]: 배우가 무대(舞臺) 위에서 하는 말(詞)

⑩ 무대에서 <u>대사</u>를 잊어버린 배우처럼 동작이 어색했다.

대사(代謝)[대신할 대, 쏠/물러날 사]: 새것이 들어오기에 대신해서(代) 헌것이 물러남(謝). 물질대사(物質代謝)의 준말

⑩ 체내에 신진<u>대사</u>가 활발하게 이루어져야 건강한 몸이라 할 수 있다.

> 신진대사(新陳代謝)[새로울 신, 늘어놓을/묵을 진, 대신할 대, 물러날 사]: 새(新)것이 생겨나고 오래 묵은(陳) 것이 대신해(代) 물러남(謝)

대치

대치(代置)[대신할 대, 둘 치]: 다른 것으로 대신해(代) 놓아둠(置)

> (예) 미래에는 신체의 중요한 기능을 인공적인 장비로 대치함으로써 죽음을 거의 무한하게 연기할 수 있게 될 것이다.

대치(對峙)[대답할/대할 대, 우뚝솟을 치]: 서로 마주 대해(對) 우뚝하게(峙) 버팀 = 대립(對立)

> (예) 바리케이드를 사이에 두고 양 진영이 대치하고 있다.

도청

도청(道廳)[길 도, 관청 청]: 도(道)의 행정을 맡아보는 지방 관청(官廳)

> (예) 시위대는 도청을 점령한 채 농성을 계속했다.

도청(盜聽)[훔칠 도, 들을 청]: 몰래 훔쳐(盜) 듣거나(聽) 녹음하는 일

> (예) 그는 정보원들에게 각국 주요 인사의 전화를 도청하라고 밀명했다.

독자

독자(獨子)[홀로 독, 아들 자]: 다른 자식이 없이 단 하나뿐인(獨) 아들(子)

> (예) 그는 독자로 자라서 형제간의 우애가 무엇인지 잘 몰랐다.

독자(獨自)[홀로 독, 스스로 자]: 자기(自己) 혼자(獨). 남에게 기대지 않고 스스로. 다른 것과는 구별되는 그 자체만의 특유함

> (예) 독자 노선을 걷기 시작했다.

독자(讀者)[읽을 독, 놈/사람 자]: 책·신문·잡지 등의 출판물을 읽는(讀) 사람(者) = 간객(看客)

　　⑩ 작가가 <u>독자</u>들과 대화의 시간을 가졌다.

동요

동요(童謠)[아이 동, 노래 요]: 어린이(童)들의 생활 감정이나 심리를 표현한 정형시 또는 거기에 곡을 붙여 부르는 노래(謠)

　　⑩ 아이들이 <u>동요</u>를 부르고 있었다.

동요(動搖)[움직일 동, 흔들 요]: 물건이 움직이고(動) 흔들림(搖). 생각이나 처지가 확고하지 못하고 흔들림

　　⑩ 평상심은 외부의 어떤 변화에도 마음의 <u>동요</u>가 없는 상태다.

동정

동정(動靜)[움직일 동, 고요할 정]: 움직임(動)과 고요함(靜). 사람이 일상적으로 하는 일체의 행위. 일이나 현상이 벌어지고 있는 낌새

　　⑩ 적진에서 적의 <u>동정</u>을 살피다.

동정(同情)[같을 동, 뜻 정]: 다른 사람의 슬픔을 이해하고 그 사람과 같은(同) 마음(情)을 가짐. 남의 어려운 처지를 자기 일처럼 딱하고 가엽게 여겨 온정을 베풂

　　⑩ 그 소년의 이야기는 많은 사람들의 <u>동정</u>을 자아냈다.

동정(童貞)[아이 동, 곧을 정]: 아이(童)같이 순결한 정절(貞節). 이성(異性)과 아직 성적(性的)인 접촉이 없이 지키고 있는 순결 또는 그런 사람

> 예 <u>동정</u>을 지키다.

동지

동지(同志)[같을 동, 뜻 지]: 추구하는 목적이나 뜻(志)이 서로 같음(同) 또는 그런 사람

> 예 뜻을 같이하는 <u>동지</u>들과 앞으로의 일을 상의했다.

동지(冬至)[겨울 동, 이를 지]: 겨울(冬)이 한창 이른(至) 때. 24절기의 하나로 대설과 소한 사이로 12월 22일경

> 예 <u>동지</u>섣달 지나가고 한 해가 다 가는구나.

매도

매도(賣渡)[팔 매, 건널/건넬 도]: 팔아(賣) 넘김(渡). 매각(賣却)

> 예 달동네 주민들은 갈 곳이 없었지만 울며 겨자 먹기로 싼 값에 땅을 <u>매도</u>했다.

매도(罵倒)[욕할 매, 넘어질 도]: 욕해(罵) 쓰러뜨림(倒)

> 예 사람들은 그를 기회주의자라고 <u>매도</u>한다.

매장(賣場)[팔 매, 마당 장]: 물건을 파는(賣) 곳(場). 판매소(販賣所)

⑩ 우리 회사는 내년에 20개의 <u>매장</u>을 열 계획이다.

매장(埋葬)[묻을 매, 장사지낼 장]: 시체나 유골을 땅에 묻어(埋) 장사지냄 (葬). 못된 짓을 한 사람을 집단에 들어오지 못하도록 따돌림

⑩ 그렇게 비열한 인간은 사회에서 <u>매장</u>시켜야 한다.

매장(埋藏)[묻을 매, 감출 장]: 광물 등이 땅에 묻혀(埋) 감춰져(藏) 있음

⑩ 이곳에는 많은 양의 원유와 천연가스가 <u>매장</u>되어 있다.

매진(邁進)[힘쓸 매, 나아갈 진]: 힘차게(邁) 나아감(進). 전력을 다함

⑩ 오늘 교단을 떠나는 김 선생님은 오로지 후학들을 가르치는 일에만 <u>매진</u>해왔습니다.

매진(賣盡)[팔 매, 다할 진]: 하나도 남김없이 모두 다(盡) 팖(賣)

⑩ 연휴라서 그런지 그 영화는 벌써 표가 <u>매진</u>되고 없었다.

명문(名門)[이름 명, 문 문]: 이름난(名) 가문(家門). 역사와 전통이 있는 명문교(名門校)의 준말

⑩ 그는 <u>명문</u> 대학 출신이었다.

명문(名文)[이름 명, 글월 문]: 이름난(名) 글(文). 매우 잘 지은 글

　㉠ 그의 글은 당대의 <u>명문</u>으로 유명하다.

명문(明文)[밝을 명, 글월 문]: 글로 명백(明白)하게 기록된 문구(文句). 일의 이치가 명백하고 뜻이 분명한 글

　㉠ 현행 헌법은 국민의 알 권리를 <u>명문</u>화하고 있다.

모의

모의(謀議)[꾀할 모, 의논할 의]: 어떤 일을 꾸미고(謀) 의논(議論)함

　㉠ 그들은 은행을 털기로 <u>모의</u>했다.

모의(模擬)[본뜰 모, 헤아릴/흉내낼 의]: 본뜨고(模) 흉내 냄(擬). 실제의 것을 흉내 내어 그대로 해보는 일

　㉠ 프로그램을 완성하려면 여러 번 <u>모의</u> 실행과 수정을 거쳐야 한다.

무고

무고(無故)[없을 무, 연고/까닭 고]: 별다른 이유나 까닭(故)이 없음(無). 아무 탈이 없음 = 무사(無事)

　㉠ 그동안 댁내 두루 <u>무고</u>하셨습니까?

무고(誣告)[속일 무, 알릴 고]: 없는 사실을 거짓으로 꾸며(誣) 남을 고발(告發)하거나 고소(告訴)함

　㉠ 그는 간신들의 <u>무고</u>로 갖은 고초를 겪었다.

무고(無辜)[없을 무, 허물 고]: 아무 잘못이나 허물(辜)이 없음(無)

ⓔ 독재자는 무고한 시민들까지 마구 학살했다.

무력

무력(武力)[굳셀 무, 힘 력]: 군사(武)상의 위력(威力). 난폭하게 자기 마음대로 하는 힘

ⓔ 두 나라는 무력으로 맞서 싸우기 시작했다.

무력(無力)[없을 무, 힘 력]: 힘(力)이 없거나(無) 부침. 능력이나 활동력이 없음 ↔ 유력(有力)

ⓔ 아버지의 얼굴은 힘들고 지친 삶으로 무력해 보였다.

미수

미수(未收)[아닐 미, 거둘 수]: 아직 다 거두지(收) 못함(未)

ⓔ 아직 대금이 미수되어 자금이 부족하다.

미수(未遂)[아닐 미, 이룰 수]: 뜻한 바를 아직 이루지(遂) 못함(未)

ⓔ 1944년 7월 20일 히틀러의 암살 기도는 미수로 그쳤다.

미수(米壽)[쌀 미, 목숨 수]: '米(쌀 미)'를 풀면 '八十八'이 되는 데서 '88살(壽)'을 달리 이르는 말

ⓔ 할아버지 미수연에 온 가족이 만수무강을 축원하며 절을 했다.

반감

반감(反感)[되돌릴 반, 느낄 감]: 상대편의 말이나 태도 등을 불쾌하게 생각해 반발(反撥)하거나 반항하는 감정(感情). 노여워하는 감정

　　예 상대방을 너무 비방하면 <u>반감</u>을 산다.

반감(半減)[절반 반, 덜 감]: 어떤 것이 절반(折半)으로 줄어듦(減) 또는 절반으로 줄임

　　예 그 경기는 아직까지 계속되고 있지만 점수 차가 너무 크게 벌어져 흥미가 <u>반감</u>되었다.

반려(伴侶)[짝 반, 짝 려]: 생각이나 행동을 함께하는 짝(伴=侶) 반쪽. 늘 가까이 하거나 가지고 다니는 것을 비유해 이르는 말

　　㉠ 인생의 반려가 되어줄 사람을 찾았다.

반려(返戾)[되돌릴 반, 어그러질 려]: 사리나 도리에 어긋난다고(戾) 여겨 되돌려(返)줌

　　㉠ 대통령은 국무총리의 사표를 반려했다.

발효

발효(發效)[나타날 발, 보람/효력 효]: 법률이나 규칙 등의 효력(效力)이 나타나게(發) 됨

　　㉠ 자유무역협정이 발효되었다.

발효(醱酵)[술익을 발, 삭힐 효]: 삭혀서(酵) 술을 빚음(醱). 효모(酵母)나 세균 등의 미생물이 유기 화합물을 분해해 알코올류, 유기산류, 탄산가스 따위를 생기게 하는 작용

　　㉠ 막걸리는 대표적인 발효식품이다.

배출

배출(輩出)[무리 배, 날 출]: 인재(輩)를 양성해 사회에 내보냄(出)

　　㉠ 우리 학교는 수많은 인재를 배출한 명문이다.

배출(排出)[물리칠/밀칠 배, 날 출]: 불필요한 물질을 밀어서(排) 밖으로 내보냄(出). 동물체가 음식물의 영양을 섭취하고 그 찌꺼기를 몸 밖으로 내보내는 일 = 배설(排泄)

　　예 쓰레기 종량제가 실시되자 쓰레기 배출량이 크게 줄었다.

범인

범인(凡人)[무릇 범, 사람 인]: 평범(平凡)한 사람(人)을 이르는 말. 보통 사람을 뜻함

　　예 그 일은 범인이 감히 도전할 엄두도 내지 못하는 일이다.

범인(犯人)[범할 범, 사람 인]: 죄를 저지른(犯) 사람(人)

　　예 경찰은 숨어 있던 범인을 찾아냈다.

보고

보고(報告)[알릴 보, 알릴 고]: 주어진 임무에 대해 그 결과나 내용을 말이나 글로 알림(報=告)

　　예 사건에 대한 보고가 상부로 올라갔다.

보고(寶庫)[보배 보, 창고 고]: 보물(寶物)을 보관하고 있는 창고(倉庫). 재화가 많이 나는 땅

　　예 그 지역은 천연자원의 보고다.

보수

보수(保守)[지킬 보, 지킬 수]: 오랜 습관, 제도, 방법 등을 소중히 여겨 그대로 보존(保存)해 지킴(守) ↔ 진보(進步)

예) 기성세대의 보수 성향과 달리 젊은이들은 진보 성향을 가지고 있다.

보수(補修)[기울 보, 닦을 수]: 부서진 부분을 기우고(補) 수리(修理)함

예) 현 시장이 도로 보수 작업이 진행되고 있는 현장을 살펴보기 위해 나왔다.

보수(報酬)[갚을 보, 갚을 수]: 고마움에 보답(報答)해 갚음(酬). 노력의 대가나 사례의 뜻으로 금품 따위를 주는 일 또는 그 금품

예) 노동의 양에 비해 보수가 너무 적은 것 같다.

복권

복권(福券)[복 복, 문서 권]: 복(福)이 되는 증서(券). 번호나 그림 등 특정 표시를 기입한 표

예) 그는 복권에 당첨되어 빚을 다 갚을 수 있었다.

복권(復權)[돌아올 복, 권세/권리 권]: 유죄나 파산 사고로 잃어버렸던 권리(權利)나 자격 등을 되찾음(復)

예) 새로운 정부가 등장하자마자 구속된 정치범들 전원이 복권되는 기쁨을 누렸다.

복사

복사(複寫)[겹칠 복, 베낄 사]: 그림이나 사진, 문서 따위를 그대로 본떠서 겹(複)으로 베낌(寫)

　　예 누군가 컴퓨터의 암호를 풀고 기밀문서를 복사해갔다.

복사(輻射)[바퀴살 복, 쏠 사]: 바퀴살(輻)처럼 사방으로 쏘아(射) 방출됨

　　예 철제 시설물들은 복사열 때문에 뜨거워 손을 댈 수가 없을 정도였다.

부상

부상(副賞)[버금/곁따를 부, 상줄 상]: 정식으로 주는 상(賞) 외에 따로 곁따라(副) 주는 상(賞)

　　예 그녀는 본상보다 부상이 탐이 났다.

부상(浮上)[뜰 부, 위 상]: 물 위(上)로 떠(浮)오름. 어떤 현상이 관심의 대상이 되거나 어떤 사람이 훨씬 좋은 위치로 올라섬

　　예 그가 차기 회장감으로 급부상하고 있다.

부상(負傷)[질 부, 다칠/상처 상]: 몸에 상처(傷處)를 입음(負)

　　예 주전 선수들의 연이은 부상으로 팀 전력이 많이 약해졌다.

부수

부수(附隨)[붙을 부, 따를 수]: 주가 되는 것에 붙어(附) 따라감(隨)

　　예 소비가 증가하면서 부수적으로 쓰레기도 증가했다.

부수(部數)[나눌 부, 셈 수]: 책이나 신문 등의 출판물을 세는 단위인 부(部)의 수효(數爻)

　　예 신문 기사의 내용을 다양화했더니 판매 부수가 늘었다.

부수(部首)[나눌 부, 머리 수]: 서로 공통적인 요소가 있는 부류(部類)의 첫머리(首)에 해당하는 한자(漢字). 한자 자전에서 글자를 찾는 길잡이 역할을 하는 공통되는 글자의 한 부분을 이름

　　예 자전은 부수나 획수에 따라 한자를 찾을 수 있도록 되어 있다.

부양

부양(浮揚)[뜰 부, 떨칠 양]: 가라앉은 것이 떠(浮)오름(揚) 또는 떠오르게 함

　　예 정부는 침체된 경기를 부양하기 위해 모든 정책을 동원했다.

부양(扶養)[도울 부, 기를 양]: 생활 능력이 없는 사람을 도와(扶) 살게(養) 함

　　예 그는 부양가족이 많아 언제나 생활고에 시달렸다.

부족

부족(不足)[아니 불/부, 발/넉넉할 족]: 넉넉하지(足) 못함(不). 모자람

　　예 수질 오염으로 산소가 부족해지자 물고기들이 떼죽음을 당했다.

부족(部族)[나눌 부, 겨레 족]: 같은 부류(部類)와 겨레(族). 조상이 같다는 생각으로 결합되어 공통된 언어와 종교 등을 갖는 지역적인 공동체

　　예 부족 간의 갈등으로 전쟁이 일어났다.

분식

분식(粉食)[가루 분, 먹을 식]: 곡식의 가루(粉)로 만든 음식(飮食)

> 예 오늘 점심은 간단히 분식으로 하자.

분식(粉飾)[가루 분, 꾸밀 식]: 겉에 분(粉)칠해 보기 좋게 꾸밈(飾). 실제보다 좋게 보이려고 사실을 감추고 거짓으로 꾸밈

> 예 그 회사는 분식 결산으로 금융 당국에 고발 조치되었다.

비행

비행(非行)[아닐/어긋날 비, 다닐/행할 행]: 도리나 도덕 또는 법규에 어긋나는(非) 행위(行爲)

> 예 사람으로서 상상하지도 못할 비행을 저질렀다.

비행(飛行)[날 비, 다닐 행]: 항공기 등이 하늘을 날아(飛) 다님(行)

> 예 그는 무려 1만 시간의 무사고 비행 기록을 가지고 있다.

사고

사고(思考)[생각 사, 상고할/밝힐 고]: 곰곰이 생각해(思) 밝혀(考)냄

> 예 사고 능력을 기르다.

사고(事故)[일 사, 연고 고]: 어떤 일(事)이 일어난 까닭이나 연고(緣故). 뜻밖에 일어난 불행한 일. 사람에게 해를 입혔거나 말썽을 일으킨 행위

> 예 올해는 대형사고가 잇달아 일어났다.

사기

사기(士氣)[선비 사, 기운 기]: 싸우려 하는 병사(兵士)들의 씩씩한 기개(氣槪). 사람들이 일을 이룩하려는 기개

　⑩ 선수단의 사기가 하늘을 찌른다.

사기(詐欺)[속일 사, 속일 기]: 못된 목적으로 남을 속임(詐=欺). 남을 속여 착오에 빠지도록 하는 범죄 행위

　⑩ 첨단 장비를 이용해 사기도박을 벌여온 도박단이 경찰에 적발되었다.

사기(史記)[역사 사, 기록할 기]: 역사적(歷史的) 사실을 적은(記) 책. 중국 한나라 때 사마천(司馬遷)이 상고의 황제부터 전한의 무제까지 역대 왕조를 기록한 역사책

　⑩ 중국 고대사는 사마천의 『사기』를 빼놓고는 설명이 불가능하다.

사기(沙器)[모래 사, 그릇 기]: 백토(沙)로 구워 만든 그릇(器)

　⑩ 사기그릇 깨지는 소리가 요란스럽게 들려왔다.

사리

사리(事理)[일 사, 이치 리]: 일(事)의 이치(理致)

　⑩ 그는 사리 분별을 할 줄 아는 사람이다.

사리(私利)[사사로울 사, 이로울 리]: 사사로운(私) 이익(利益) ↔ 공리(公利)

　⑩ 공직에 있는 사람은 자기의 직함을 팔아 사리를 취해서는 안 된다.

사료

사료(史料)[역사 사, 헤아릴/재료 료]: 역사(歷史)의 연구와 편찬에 필요한 문헌이나 유물 등의 자료(資料)

> 예 이번 발굴 작업에서 새로운 사료를 발견했다.

사료(思料)[생각 사, 헤아릴 료]: 생각하고(思) 헤아림(料)

> 예 그 문제를 사료해보았지만 해결 방법이 없었다.

사료(飼料)[먹일 사, 헤아릴/재료 료]: 가축에게 먹이는(飼) 식용 재료(材料)

> 예 음식물 쓰레기는 가축 사료로 쓰기도 한다.

사양

사양(斜陽)[비낄 사, 볕 양]: 서쪽으로 기울어져(斜) 가는 햇빛(陽). 새로운 것에 밀려 점점 몰락해감

> 예 사양의 길로 접어들기 시작했다.

사양(辭讓)[말씀/물리칠 사, 사양할 양]: 고사(固辭)하고 양보(讓步)함. 겸손해 받지 아니하거나 응하지 아니함

> 예 김 선수는 기자들의 요청에도 인터뷰를 극구 사양했다.

사유

사유(事由)[일 사, 말미암을 유]: 일(事)이 그렇게 된 까닭(由)

> 예 일전에 일러둔 일이 처리되지 않은 사유는 무엇입니까?

사유(私有)[사사로울 사, 있을 유]: 개인(私)이 소유(所有)함 또는 그 소유물

　　⑩ 사유재산권을 침해당했다.

사유(思惟)[생각 사, 생각할 유]: 두루 생각함(思=惟) = 사고(思考)

　　⑩ 그의 사유는 우리가 미칠 수 없는 무한대의 시공간에까지 뻗어 있다.

사정

사정(私情)[사사로울 사, 뜻 정]: 사사로운(私) 정(情)

　　⑩ 사정에 이끌리어 국사를 그르쳐서는 안 된다.

사정(事情)[일 사, 뜻 정]: 일(事)의 형편이나 정황(政況). 어떤 일의 형편이나 까닭을 남에게 말하고 무엇을 간청함

　　예 사정을 해봤자 헛일이었다.

사정(司正)[맡을 사, 바를 정]: 바로잡는(正) 일을 맡음(司). 공직에 있는 사람의 규율과 질서를 바로잡는 일

　　예 공직 사회에 대대적인 사정 바람이 불고 있었다.

사정(査定)[조사할 사, 정할 정]: 심사(審査)해 결정(決定)함

　　예 오늘 입학 사정 회의가 열릴 예정이다.

사정(射程)[쏠 사, 길/정도 정]: 사격(射擊)에서 탄환이 나가는 최대 거리(程)

　　예 국방부는 사정거리가 1,500km인 미사일을 개발했다고 발표했다.

사정(射精)[쏠 사, 정기 정]: 남성의 생식기에서 정액(精液)을 내쏘는(射) 일

　　예 불임센터 의사는 정자 검사를 위해 사정을 요구했다.

사찰

사찰(寺刹)[절 사, 절 찰]: 절(寺=刹)

　　예 이번 휴가 때는 전국의 유명 사찰을 돌아볼 계획이다.

사찰(査察)[조사할 사, 살필 찰]: 조사해(査) 살핌(察)

　　예 북한의 핵 사찰 문제가 국제적 논쟁거리로 떠올랐다.

산재

산재(散在)[흩어질 산, 있을 재]: 여기저기 흩어져(散) 있음(在)

예 우리에게는 명확한 해답을 줄 수 없는 문제들이 아직도 <u>산재</u>해 있다.

산재(産災)[낳을 산, 재앙 재]: 산업재해(産業災害)의 준말

예 그는 불의의 <u>산재</u>를 당해 보상을 받았다.

산하

산하(山河)[메 산, 물 하]: 산(山)과 강(江). 자연 또는 자연의 경치

예 형형색색 고운 단풍으로 물들은 산하를 바라본다.

산하(傘下)[우산 산, 아래 하]: 우산(傘) 아래(下). 어떤 조직체나 세력의 관할 아래

예 신임 장관들이 <u>산하</u> 기관을 시찰하고 있다.

서식

서식(書式)[글 서, 법 식]: 서류(書類)의 양식(樣式). 서류를 작성하는 법식

예 <u>서식</u>에 맞춰 원서를 냈다.

서식(棲息)[깃들 서, 숨쉴/살 식]: 어떤 곳에 깃들어(棲) 삶(息)

예 바다에는 다양한 종류의 동식물이 <u>서식</u>하고 있다.

선전(宣戰)[베풀 선, 싸움 전]: 다른 나라에 대해 전쟁(戰爭)을 시작할 것을 선언(宣言)함

> (예) 선전포고는 하지 않았지만 사실상 전쟁은 시작된 것이나 다름없었다.

선전(宣傳)[베풀 선, 전할 전]: 널리 퍼뜨려(宣) 전함(傳). 주의나 주장, 효능 등을 과장해 말을 퍼뜨림

> (예) 영업사원은 자사의 제품이 경쟁사보다 우수하다고 선전했다.

선전(善戰)[잘할 선, 싸움 전]: 실력 이상으로 잘(善) 싸움(戰)

> (예) 선수들은 기대 이상의 선전을 펼쳤다.

성대

성대(盛大)[성할 성, 큰 대]: 아주 왕성(旺盛)하고 큼(大)

> (예) 윌리엄 왕자는 많은 이들의 축복 속에 성대한 결혼식을 올렸다.

성대(聲帶)[소리 성, 띠 대]: 후두(喉頭)의 중앙에 있는 소리(聲)를 내는 울림대(帶). 목청

> (예) 그 개그맨은 역대 대통령 성대모사가 장기다.

소요

소요(所要)[바/것 소, 구할 요]: 필요(必要)로 하는 것(所). 요구되는 바

> (예) 이사하는 데에 소요되는 비용을 마련하느라 고생했다.

소요(逍遙)[거닐 소, 거닐 요]: 마음 내키는 대로 이리저리 거닐며(逍=遙) 돌아다님

　　例 여행지에서의 <u>소요</u>는 색다른 즐거움을 준다.

소요(騷擾)[시끄러울 소, 어지러울 요]: 떠들썩하고(騷) 어지러움(擾). 많은 사람들이 들고 일어나서 소란을 피우며 사회 질서를 어지럽히는 일

　　例 어지러운 <u>소요</u>의 틈을 타 도시 곳곳에서 방화와 약탈이 빈번하게 일어나고 있었다.

소원

소원(所願)[바/것 소, 바랄 원]: 이루어지기 바라는(願) 어떤 것(所)

　　例 내 평생<u>소원</u>은 세계 일주를 하는 것이다.

소원(疏遠)[성길 소, 멀 원]: 사이가 멀어져(疏) 멀어짐(遠). 소식이나 왕래가 오래 끊긴 상태에 있음

　　例 그들이 <u>소원</u>해진 원인은 비단 그것뿐만이 아니었다.

소원(訴願)[하소연할 소, 원할 원]: 하소연해(訴) 바로잡아주기를 바람(願)

　　例 그들은 행정기관에 자신들이 받은 피해를 적은 <u>소원</u>장을 제출했다.

속성

속성(速成)[빠를 속, 이룰 성]: 빨리(速) 이루어짐(成) ↔ 만성(晩成)

　　例 학원에서 <u>속성</u>으로 중·고등학교 과정을 마쳤다.

212

속성(屬性)[붙을 속, 성질 성]: 사물의 본질을 이루는(屬) 고유한 성질(性質)

    예 신비성은 종교의 <u>속성</u> 중 하나다.

송구

송구(送球)[보낼 송, 공 구]: 구기(球技) 종목에서 공(球)을 자기편 선수에게 던져 보냄(送)

    예 포수는 도루하는 주자를 잡기 위해 빠르게 2루로 <u>송구</u>했다.

송구(悚懼)[두려워할 송, 두려워할 구]: 두렵고(悚=懼) 거북함

    예 이런 소식을 전하게 되어 무척 <u>송구</u>스럽습니다.

송구(送舊)[보낼 송, 옛 구]: 묵은해(舊)를 보냄(送)

    예 연말연시에 보내는 카드에는 대개 <u>송구</u>영신이라는 문구가 들어간다.

> **송구영신(送舊迎新)[보낼 송, 옛 구, 맞이할 영, 새로울 신]**: 묵은해를 보내고 새해를 맞음을 뜻함

수리

수리(修理)[닦을 수, 다스릴 리]: 오래되어 고장 나거나 허름해진 곳을 손보아(修) 고침(理)

    예 그 집은 오래되어 <u>수리</u>할 곳이 많다.

수리(數理)[셈 수, 다스릴 리]: 수학(數學)의 이론(理論) 또는 이치(理致)

　　◉ 그는 수리에 밝아서 한 번도 계산이 틀린 적이 없다.

수리(受理)[받을 수, 다스릴 리]: 문서를 받아서(受) 처리(處理)함

　　◉ 사표를 수리하다.

수반

수반(隨伴)[따를 수, 짝/따를 반]: 붙좇아서 따름(隨=伴). 어떤 일과 더불어 생김

　　◉ 투기는 투자에 비해 큰 위험 부담을 수반한다.

수반(首班)[머리 수, 나눌 반]: 계급을 나눴을(班) 때 으뜸가는(首) 자리. 행정부의 가장 높은 자리에 있는 사람

　　◉ 이 나라의 대통령은 행정부의 수반으로서 행정부를 지휘·감독하는 권한을 가진다.

수사

수사(搜査)[찾을 수, 조사할 사]: 찾아서(搜) 조사(調査)함

　　◉ 경찰의 수사로 사건의 전모가 밝혀졌다.

수사(修辭)[닦을 수, 말씀 사]: 말(辭)이나 글을 다듬고 꾸며서(修) 아름답고 정연하게 하는 일 또는 그런 기술

　　◉ 그의 현란한 수사에 입을 다물지 못했다.

수상

수상(受賞)[받을 수, 상줄 상]: 상(賞)을 받음(受)

⑩ 그녀는 뛰어난 수학 능력으로 각종 대회에서 <u>수상</u>했다.

수상(殊常)[다를 수, 항상/늘 상]: 언행이나 차림새가 일상(日常)과 다름(殊).
보통 때와 달라짐

⑩ 몰래 들어오는 모습부터 <u>수상</u>했다.

수습

수습(修習)[닦을 수, 익힐 습]: 정식으로 실무를 맡기 전에 배워(修) 익힘(習)
또는 그런 일

⑩ 이제 막 <u>수습</u> 딱지를 뗐다.

수습(收拾)[거둘 수, 주을 습]: 흩어진 것을 거두고(收) 주워 담음(拾). 어수
선한 사태를 거두어 바로잡음. 어지러운 마음을 가라앉혀 바로잡음

⑩ 사태가 악화되어 <u>수습</u>이 불가능한 상태다.

수신

수신(受信)[받을 수, 믿을 신]: 통신(通信)을 받음(信) ↔ 발신(發信)

⑩ 이 전화기는 <u>수신</u>에는 문제가 없는데 발신이 잘 안 된다.

수신(修身)[닦을 수, 몸 신]: 마음과 행실을 바르게 하도록 심신을 닦음

⑩ 사회가 안정되려면 구성원 개개인의 <u>수신</u>이 먼저 이루어져야 한다.

수입

수입(收入)[거둘 수, 들 입]: 돈이나 물품 등을 거두어(收) 들이는(入) 일. 또

는 그 돈이나 물품

　　예 그녀는 <u>수입</u>의 반 이상을 저축한다.

수입(輸入)[보낼/나를 수, 들 입]: 다른 나라로부터 물품 등을 날라(輸) 들임

(入). 다른 나라에서 사상·문화·제도 따위를 들여옴

　　예 올해는 수출보다 <u>수입</u>이 더 많았다고 한다.

시각

시각(時刻)[때 시, 새길 각]: 때(時)를 나타내기 위해 새긴(刻) 점

　　(예) 약속한 시각에 맞추어 모임에 나갔다.

시각(視覺)[볼 시, 깨달을 각]: 눈으로 보고(視) 깨닫는(覺) 것

　　(예) 스마트폰을 가까이에서 오랫동안 보게 되면 심각한 시각장애를 일으킬 수 있다.

시각(視角)[볼 시, 뿔 각]: 사물을 관찰하는(視) 각도(角度)나 기본자세

　　(예) 사물은 그것을 바라보는 시각에 따라 그 의미가 달라진다.

시비

시비(是非)[옳을 시, 아닐 비]: 옳음(是)과 그름(非). 잘잘못. 옳고 그름을 따지는 말다툼

　　(예) 서로 자신의 주장이 맞다고 티격태격 시비가 붙었다.

시비(詩碑)[글/시 시, 비석 비]: 시(詩)를 새긴 비석(碑石). 이름 있는 시인의 문학적 업적을 기리어 세우는 비

　　(예) 강원도 강릉에 소설가 허균의 시비가 있다.

시사

시사(時事)[때 시, 일 사]: 그때(時)의 정세나 세상에 일어난 일(事)

　　(예) 그는 시사 문제에 관심이 많아 뉴스를 즐겨 본다.

시사(示唆)[보일 시, 부추길 사]: 미리 보여주어(示) 부추김(唆). 미리 알려줌

　㉠ 정부는 이번 발표를 통해 음주 운전에 대한 단속 강화를 <u>시사</u>했다.

시사(試寫)[시험 시, 베낄 사]: 영화를 개봉하기 전에 여러 관계자 등에게 시험적(試驗的)으로 영사(映寫)해 보임

　㉠ 영화가 제작되었을 때, 나는 초대를 받아 그 <u>시사</u>회에 갔다.

시인

시인(詩人)[글/시 시, 사람 인]: 시(詩)를 짓는 사람(人)

　㉠ <u>시인</u>들은 시에 자신의 삶을 반영한다.

시인(是認)[옳을 시, 알 인]: 옳다고(是) 또는 그러하다고 인정(認定)함 ↔ 부인(否認)

　㉠ 최근 논란이 된 불량 제품에 대해서 생산업체도 자신들의 잘못을 솔직하게 <u>시인</u>했다.

신문

신문(新聞)[새로울 신, 들을 문]: 새로(新) 들은(聞) 소식. 사회에서 발생한 사건에 대한 사실이나 해설을 널리 신속하게 전달하기 위한 정기 간행물

　㉠ 어제 발생한 대형 사고에 관한 기사가 <u>신문</u>에 보도되었다.

신문(訊問)[물을 신, 물을 문]: 캐어물음(訊=問)

　㉠ 그가 마치 <u>신문</u>하듯 나에게 물었다.

심문(審問)[살필 심, 물을 문]: 자세히 따져 물음. 법원이 당사자 또는 그 밖에 이해관계가 있는 사람에게 서면이나 구두로 개별적으로 진술할 기회를 주는 일. 신문은 알고 있는 것을, 심문은 잘 모르는 사실에 대해 알아보기 위해 물어보는 것이라는 차이점이 있음

신장

신장(身長)[몸 신, 긴/길이 장]: 몸(身)의 길이(長). 키

 예 형제임에도 불구하고 두 사람은 신장 차이가 많이 난다.

신장(伸張)[펼 신, 베풀/넓힐 장]: 펴서(伸) 넓힘(張). 늘어나게 함

 예 우리 회사는 타사와는 비교가 안 될 정도의 매출 신장률을 달성했다.

신장(腎臟)[콩팥 신, 내장 장]: 콩팥(腎) 모양의 장기(臟器)

 예 그는 신장염으로 고생이 이만저만이 아니다.

신장(新裝)[새로울 신, 꾸밀 장]: 새롭게(新) 단장(丹粧)함

 예 신장개업한 가게에는 손님들로 북새통을 이루었다.

실정

실정(實情)[열매/실제 실, 뜻/사정 정]: 실제(實際)의 사정(事情). 실제의 상황

 예 시각장애인들을 위한 점자도서관의 수는 여전히 부족한 실정이다.

실정(失政)[잃을/그르칠 실, 정사 정]: 정치(政治)를 그르침(失). 잘못된 정치

 예 대통령의 실정으로 국민들은 어려움에 빠졌다.

야심(野心)[들/거칠 야, 마음 심]: 야망(野望)을 품은 마음(心). 무엇을 이루려는 마음

    ⑩ 그는 정치에 대한 <u>야심</u>이 강한 사람이다.

야심(夜深)[밤 야, 깊을 심]: 밤(夜)이 깊음(深)

    ⑩ 왜 이렇게 <u>야심</u>한 시각까지 공부하고 있니?

양식(良識)[좋을 량, 알 식]: 뛰어난(良) 식견(識見)이나 건전한 판단

    ⑩ 그가 <u>양식</u>이 있다면 한밤중에 전화를 거는 것이 실례라는 걸 알 거야.

양식(洋式)[큰바다/서양 양, 밥/먹을 식]: 서양(西洋)의 양식(樣式) 또는 격식(格式)

    ⑩ 식생활 패턴이 서<u>양식</u>으로 변함에 따라 빵 소비가 늘었다.

양식(洋食)[큰바다/서양 양, 법/먹을 식]: 서양식(西洋式) 음식(飮食)이나 식사. 서양 요리

    ⑩ 내 입맛에는 <u>양식</u>보다는 한식이 더 맞는다.

양식(樣式)[모양 양, 법 식]: 일정한 모양(模樣)이나 형식(形式). 오랜 시간이 지나면서 자연히 정해진 방식. 시대나 부류에 따라 각기 독특하게 지니는 문학, 예술 등의 형식

    ⑩ 우리 사회에 새로운 문화 <u>양식</u>이 조금씩 자리를 잡아가고 있다.

양식(糧食)[양식 량, 먹을 식]: 생존을 위해 필요한 사람의 먹을거리(糧=食)

= 식량(食糧)

  ⑩ 먹을 양식이 다 떨어져 큰일이구나!

양식(養殖)[기를 양, 번식할 식]: 물고기나 해조, 버섯 등을 인공적으로 길러

서(養) 번식하게(殖) 함

  ⑩ 고급 어종의 가두리 양식은 어민들의 소득 증대에 크게 기여했다.

여권

여권(女權)[여자 여, 권세/권리 권]: 여자(女子)로서 갖는 권리(權利)

  ⑩ 여권 신장에 관한 서적들은 시중에 많이 나와 있다.

여권(旅券)[나그네 려, 문서 권]: 외국 여행(旅行)을 승인하는 증서(券)

  ⑩ 출입국 관리사무소 직원에게 여권을 보여주었다.

여권(與圈)[더불어/줄 여, 둘레 권]: 여당(與黨)에 속하는 무리(圈)

  ⑩ 여권의 대선 후보는 아직 확정되지 않았다.

> 정당(政黨) 정치에서 정권을 담당하고 있는 정당을 여당(與黨), 담당하지
> 않는 정당을 야당(野黨)이라고 해요. 행정부와 더불어(與) 활동하는 정당이
> 라고 해서 여당, 행정부에 참여하지 않고 들판(野)에서 비바람 맞으며 정
> 권을 차지하려고 노력한다고 해서 야당이라고 한답니다.

역사

역사(歷史)[지낼 력, 역사 사]: 인간사회가 거쳐(歷) 온 모습에 대한 기록(史). 어떤 사물이나 인물, 조직 따위가 오늘에 이르기까지의 자취

　　예) 세종대왕은 <u>역사</u>에 길이 남을 업적을 많이 이루었다.

역사(役事)[부릴 역, 일 사]: 여러 사람을 부려(役) 하는 일(事). 토목이나 건축 따위의 공사(工事)

　　예) 부여 백제문화단지는 10년이 넘는 대<u>역사</u> 끝에 2010년에 완공했다.

역사(驛舍)[역마 역, 집 사]: 역(驛)으로 쓰는 건물(舍)

　　예) 열차 시각보다 빨리 도착해 <u>역사</u> 안에서 기다리기로 했다.

연기

연기(演技)[펼 연, 재주 기]: 관객 앞에서 연극, 노래, 춤, 곡예 따위의 재주(技)를 펼침(演) 또는 그 재주. 어떤 목적이 있어 일부러 남에게 보이기 위해 하는 말이나 행동

　　예) <u>연기</u>에서 보이는 그의 모습은 실제 모습과 닮았다.

연기(延期)[끌 연, 기간 기]: 정해진 기한(期限)을 뒤로 늘림(延)

　　예) 당일 폭설로 인해 축제가 <u>연기</u>되었다.

연기(煙氣)[연기/그을음 연, 기운 기]: 무엇이 불에 탈 때에 생겨나는 그을음(煙)이나 기체(氣體)

　　예) 아니 땐 굴뚝에 <u>연기</u>날까?

222

연기(緣起)[인연 연, 일어날 기]: 인연(因緣)에 따라 일어남(起). 불교에서 모든 현상이 생기(生起)고 소멸하는 법칙

⑩ 각 사찰마다 대부분 연기설화가 있다.

> **연기설화(緣起說話)[인연 연, 일어날 기, 말씀 설, 말씀 화]:** 불교 설화의 하나로 사찰이나 암자 등의 창시 유래나 절터를 잡게 된 유래, 절 이름의 명명(命名) 유래에 관한 설화

연상

연상(年上)[해/나이 년, 위 상]: 자신과 비교해 나이(年)가 많음(上) 또는 그런 사람

⑩ 그녀는 나보다 2년 연상이다.

연상(聯想)[잇닿을 련, 생각 상]: 관련(關聯)해 생각함(想). 하나의 관념이 다른 관념을 불러일으키는 현상

⑩ 추석에는 크고 둥근 보름달이 솟아오르는 장면이 연상된다.

연소

연소(年少)[해/나이 년, 적을 소]: 나이(年)가 적음(少) 또는 나이가 어림

⑩ 이 영화는 연소자 관람 불가 영화다.

연소(燃燒)[불탈 연, 사를 소]: 불을 사름(燃=燒). 불이 탐

Ⓟ 가스 불꽃이 빨간색이면 불완전<u>연소</u>이므로 점검이 필요하다.

연패

연패(連覇)[이을 련, 으뜸 패]: 경기에서 연달아(連) 우승해 으뜸(覇)이 됨

Ⓟ 그 팀은 이번 경기에서 우승함으로써 2<u>연패</u>를 기록했다.

연패(連敗)[이을 련, 질 패]: 경기나 싸움에서 계속해(連) 짐(敗)

Ⓟ 우리 팀은 어제 경기에서 승리함으로써 5<u>연패</u>의 늪에서 벗어났다.

영화

영화(榮華)[성할 영, 빛날 화]: 몸이 귀하게(榮) 되어 이름이 세상에 빛남(華)

　　⑩ 일제강점기에 친일파는 우리 민족을 탄압하고 부귀<u>영화</u>를 누렸다.

영화(映畫)[비출 영, 그림 화]: 그림(畫)을 비춤(映). 어떠한 의미를 가지고 움직이는 대상을 촬영한 후, 영사기로 영사막에 비추어 사물의 모습이나 움직임을 실제와 같이 재현해 보이는 예술

　　⑩ 사범님이 이번 갱 <u>영화</u>의 악당 두목 역할을 맡으셨다.

예의

예의(禮儀)[예도 례, 거동 의]: 존경의 뜻을 표하기 위해 예(禮)로써 나타내는 말투나 몸가짐(儀)

　　⑩ <u>예의</u>범절은 어린 시절부터 가정에서 길러진다.

예의(銳意)[날카로울 예, 뜻 의]: 일을 잘하려고 하는 날카로운(銳) 마음(意)

　　⑩ 시장의 흐름을 <u>예의</u> 주시하지 않으면 부진의 늪에 빠지기 쉽다.

용기

용기(容器)[담을 용, 그릇 기]: 물건을 담는(容) 그릇(器)

　　⑩ 플라스틱 <u>용기</u>를 식수통으로 썼다.

용기(勇氣)[날쌜 용, 기운 기]: 용감(勇敢)한 기운(氣運)

　　⑩ 그는 나에게 희망과 <u>용기</u>를 불어넣어주었다.

원리

원리(原理)[근원 원, 다스릴/이치 리]: 사물의 기본(原)이 되는 이치(理致)나 법칙

    @ 국제사회는 힘의 <u>원리</u>가 지배하는 사회라고 볼 수 있다.

원리(元利)[으뜸 원, 이로울 리]: 원금(元金)과 이자(利子)

    @ <u>원리</u>금을 분할 상환하다.

원조

원조(元祖)[으뜸 원, 할아비 조]: 으뜸(元)이 되는 조상(祖上). 어떤 일을 처음으로 시작한 사람. 최초의 시작으로 인정되는 사물이나 물건

    @ <u>원조</u>라고 인정받은 음식점에는 늘 사람들이 몰려 북새통을 이룬다.

원조(援助)[도울 원, 도울 조]: 물품이나 돈으로 도와줌(援=助)

    @ 자연재해, 내란 등을 겪는 국가에 구호품을 <u>원조</u>하다.

유서

유서(由緖)[말미암을/까닭 유, 실마리 서]: 예로부터 전해오는 사물이 생겨난 까닭(由)과 실마리(緖)

    @ 서울에는 <u>유서</u> 깊은 고궁이 많다.

유서(遺書)[남길 유, 글 서]: 죽을 때 남긴(遺) 글(書)

    @ 그는 장기를 기증해달라는 <u>유서</u>를 남기고 숨을 거두었다.

유용

유용(有用)[있을 유, 쓸 용]: 쓸모(用)가 있음(有) ↔ 무용(無用)

> 예 그가 흘리고 간 단서는 증거를 찾는 데 아주 유용했다.

유용(流用)[흐를 류, 쓸 용]: 다른 용도에 흘리어(流) 돌려씀(用)

> 예 그 정치인은 국민이 낸 성금을 정치 자금으로 유용한 적이 있다.

유전

유전(油田)[기름 유, 밭 전]: 석유(石油)가 나는 곳(田)

> 예 정부는 해외 유전 개발에 적극 투자하기로 했다.

유전(遺傳)[남길/끼칠 유, 전할 전]: 후대에 영향을 끼쳐(遺) 전해(傳) 내려옴

> 예 탈모는 대부분 유전이 원인이지만 스트레스도 하나의 원인이 된다.

유치

유치(幼稚)[어릴 유, 어릴 치]: 사람의 나이가 어림(幼=稚). 생각이나 행동하는 것이 어림. 지식이나 기술 등이 아직 익숙하지 아니함

> 예 사람들의 관심을 끌기 위한 그의 행동은 유치하고 치졸했다.

유치(誘致)[꾈 유, 이를/부를 치]: 설비 등을 갖추어두고 권해(誘) 부름(致)

> 예 많은 시간과 엄청난 노력을 들인 끝에 평창동계올림픽 유치에 성공할 수 있었다.

유해

유해(有害)[있을 유, 해칠 해]: 해로움(害)이 있음(有) ↔ 무해(無害)

> (예) 인체에 유해한 물질은 피해야 한다.

유해(遺骸)[남길 유, 뼈 해]: 주검을 태우고 남은(遺) 뼈(骸) 또는 무덤 속에서 나온 뼈 = 유골(遺骨)

> (예) 국군 전사자의 유해를 현충원에 안치하다.

음성

음성(音聲)[소리 음, 소리 성]: 목소리(音=聲). 발음 기관에서 나오는 소리

> (예) 그녀의 음성은 가늘게 떨리고 있었다.

음성(陰性)[그늘 음, 성질 성]: 양(陽)이 아닌 음(陰)에 속하는 성질(性質). 어둡고 소극적인 성질

> (예) 정부의 손이 닿지 않는 곳에서 음성 거래가 이루어진다.

응시

응시(應試)[응할 응, 시험 시]: 시험(試驗)에 응함(應)

> (예) 올해에는 모든 사람에게 응시의 기회를 줄 예정이다.

응시(凝視)[엉길 응, 볼 시]: 눈길을 한곳으로 모아(凝) 가만히 바라봄(視)

> (예) 하염없이 허공을 응시하다.

의사

의사(義士)[옳을 의, 선비 사]: 의로운(義) 선비. 의로운 지사(志士)

   예) 1970년 10월 안중근 의사 기념관이 개관되었다.

의사(醫師)[의원 의, 스승/전문가 사]: 의학 기술과 약으로 병을 치료하는(醫)

것을 직업으로 삼는 사람(師)

   예) 의사의 정확한 진단과 처방이 필요하다.

의사(意思)[뜻 의, 생각 사]: 무엇을 하고자 하는 뜻(意)과 생각(思)

   예) 그 사람의 의견에 따를 의사가 전혀 없다.

의지(意志)[뜻 의, 뜻 지]: 어떤 일을 이루고자 하는 마음이나 뜻(意=志)

    ㈀ 그때는 그 누구도 내 의지를 꺾지 못했다.

의지(依支)[기댈 의, 지탱할 지]: 다른 것에 몸을 기대(依) 지탱함(支)

    ㈀ 다리를 다쳐 목발에 몸을 의지할 수밖에 없었다.

이해(理解)[이치 리, 풀 해]: 사리(事理)를 분별해 해석(解釋)함. 깨달아 앎

    ㈀ 서로의 다름을 인정하고 이해해야 한다.

이해(利害)[이로울 리, 해칠 해]: 이익(利益)과 손해(損害). 득실(得失)

    ㈀ 무언가를 선택할 때는 신중하게 이해득실을 따져야 한다.

입장(入場)[들 입, 마당 장]: 경기장이나 회의장, 식장 등의 장내(場內)에 들어감(入) ↔ 퇴장(退場)

    ㈀ 선수들이 모두 입장하자 대회장에서 그들을 기다리고 있던 사람들이 환호했다.

입장(立場)[설 립, 마당 장]: 서(立) 있는 곳(場). 처해 있는 상황이나 형편

    ㈀ 각자의 입장이 다르기는 하지만 조금씩 양보하기로 했다.

장관

장관(壯觀)[웅장할 장, 볼 관]: 웅장해(壯) 볼 만한 경관(景觀). 하는 짓이나 겉모습이 차마 볼 수 없을 정도로 우습고 거슬림. 꼴불견

　⑩ 참 그 모습이 <u>장관</u>이네.

장관(長官)[어른 장, 벼슬 관]: 국무를 맡아 처리하는 행정 각부의 으뜸(長) 관리(官吏)

　⑩ 신임 <u>장관</u>이 취임사를 통해 포부를 밝혔다.

재고

재고(在庫)[있을 재, 곳집 고]: 창고(倉庫)에 쌓임(在). 재고품(在庫品)의 준말

　⑩ 연말에는 파티용품의 수요가 급증하기 때문에 미리미리 <u>재고</u>를 확인 해야 한다.

재고(再考)[두/다시 재, 생각할 고]: 한 번 정한 일이나 문제를 다시(再) 한 번 생각함(考)

　⑩ 그 일의 결과는 너무 뻔하기 때문에 <u>재고</u>의 여지가 없다.

재원

재원(財源)[재물 재, 근원 원]: 재화(財貨)나 재정의 원천(源泉). 지출하는 돈 의 출처

　⑩ 세금은 국가 재정의 기초가 되는 <u>재원</u>이다.

재원(才媛)[재주 재, 여자 원]: 재주(才) 있는 젊은 여자(媛) ↔ 재자(才子)

> ㉑ 그녀는 미모뿐 아니라 폭넓은 교양을 갖춘 <u>재원</u>이다.

적자

적자(赤字)[붉을 적, 글자 자]: 붉은(赤) 글씨의 숫자(字). 장부에서 수입을 초과한 지출로 생기는 결손액 ↔ 흑자(黑字)

> ㉑ 계속되는 경영 <u>적자</u>로 회사는 부도 위기에 놓여 있다.

적자(嫡子)[정실 적, 아들 자]: 정실(嫡)에게 태어난 자식(子息) ↔ 서자(庶子)

> ㉑ 허균은 『홍길동전』을 통해 <u>적자</u>와 서자를 차별하는 사회를 비꼬았다.

적자(適者)[맞을 적, 사람 자]: 어떤 일에 알맞은(適) 사람(者). 적임자(適任者)의 준말

> ㉑ 요즘 같은 무한 경쟁 시대에는 <u>적자</u>만이 살아남을 수 있다.

전기

전기(電氣)[번개 전, 기운 기]: 전자(電子)의 이동으로 생기는 에너지(氣)의 한 형태

> ㉑ 사고가 나자 그 지역의 <u>전기</u> 공급이 중단되었다.

전기(前期)[앞 전, 기간 기]: 어떤 기간을 둘로 나누었을 때 그 앞(前)의 기간(期間) ↔ 후기(後期)

> ㉑ 조선 <u>전기</u>에 비해 후기에는 상공업이 발달했다.

전기(傳記)[전할 전, 기록할 기]: 한 개인의 일생을 전해(傳) 적은 기록(記錄)

> ㉠ 세계적인 위인들의 <u>전기</u>를 읽다 보면 그들이 이루어낸 위대한 업적에 감탄하게 된다.

전기(轉機)[구를 전, 기계/기회 기]: 전환점(轉換點)이 되는 시기나 기회(機會)

> ㉠ 그는 일생일대의 커다란 <u>전기</u>를 맞이했다.

전파

전파(電波)[번개 전, 물결 파]: 전류(電流)가 진동할 때 생기는 전자기의 흐름(波) = 전기파(電氣波)

> ㉠ <u>전파</u>는 철 등의 금속을 통과하지 못하는 특성이 있다.

전파(傳播)[전할 전, 뿌릴 파]: 전해(傳) 널리 퍼뜨림(播)

> ㉠ 우리나라의 우수한 문화를 세계에 <u>전파</u>하다.

전형

전형(典型)[법/모범 전, 틀/본보기 형]: 모범(典)이 될 만한 본보기(型)

> ㉠ 그는 <u>전형</u>적인 기술 관료 출신이다.

전형(銓衡)[저울질할 전, 저울대 형]: 저울대(衡)로 저울질함(銓). 사람의 됨됨이나 재능을 여러모로 시험해 골라 뽑음

> ㉠ 입시 <u>전형</u>을 거쳐 신입생을 선발하다.

절세(絕世)[끊을/뛰어날 절, 세상 세]: 세상(世)에 비길 만한 것이 없이 매우 뛰어남(絕)

⑩ 그녀는 보기 드문 절세미인이었다.

절세(節稅)[마디/절약할 절, 세금 세]: 합법적으로 세금(稅) 부담을 줄임(節)

⑩ 절세는 부자들이 큰 관심을 가지고 있는 항목이다.

정당(正當)[바를 정, 마땅할 당]: 이치에 맞아 바르고(正) 마땅함(當). 이치가 당연함

⑩ '선의의 거짓말은 정당한가?'를 주제로 토론을 벌였다.

정당(政黨)[정사 정, 무리 당]: 정치적인 주의나 주장이 같은 사람들이 그 이념이나 이상을 실현하기 위해 정권(政權)을 잡아 모인 무리(黨) 또는 조직한 단체

⑩ 새로운 정당이 탄생했다.

정상(正常)[바를 정, 항상/늘 상]: 바른(正) 상태(常態). 이상한 데가 없는 보통의 상태

⑩ 그 사람은 정상이 아닌 것 같다.

정상(情狀)[뜻/사정 정, 모양 상]: 사정(事情)과 상태(狀態). 어떤 결과에 이르기까지의 사정. 딱하거나 가엾은 상태

    ◉ 순순히 자백한다면 <u>정상</u>을 참작하겠다.

정상(頂上)[꼭대기 정, 위 상]: 산의 맨 꼭대기(頂) 위(上). 그 이상 더없는 최고의 상태. 한 나라의 최고 수뇌

    ◉ 양국 <u>정상</u>들이 회동하다.

정숙

정숙(貞淑)[곧을 정, 맑을 숙]: 행실이 곧고(貞) 마음씨가 맑음(淑)

    ◉ 그녀는 <u>정숙</u>하며 예의가 바르다.

정숙(靜肅)[고요할 정, 엄숙할 숙]: 고요하고(靜) 엄숙함(肅)

    ◉ 도서관에서는 <u>정숙</u>해야 한다.

정의

정의(正義)[바를 정, 옳을 의]: 올바른(正) 도리(義). 바른 뜻이나 가치. 개인 간의 올바른 도리 또는 사회를 구성하고 유지하는 공정한 도리

    ◉ <u>정의</u> 사회 구현을 위해 불의와 맞서 싸우다.

정의(定義)[정할 정, 옳을/뜻 의]: 말이나 사물의 뜻(義)을 명백히 규정함(定) 또는 그 뜻

    ◉ 개념을 <u>정의</u>하다.

정체

정체(正體)[바를 정, 몸 체]: 바른(正) 형체(形體). 본심의 모양

　　㉄ 스페인의 한 해변에서 정체 모를 괴생물체가 발견되어 이를 보려는 사람들이 몰려들었다.

정체(停滯)[머무를 정, 막힐 체]: 발전하거나 앞으로 나아가지 못하고 한자리에 머물러(停) 막혀(滯) 있음

　　㉄ 날씨가 좋은 주말마다 이 도로는 교외로 나들이 가는 차량이 몰려 정체를 이룬다.

236

제약

제약(制約)[마를/억제할 제, 묶을 약]: 어떤 조건을 붙여 내용을 제한(制限)하고 묶어(約)둠 또는 그 조건

> **例** 시간과 공간의 제약 없이 스마트폰을 통해 강의를 들을 수 있다.

제약(製藥)[지을 제, 약 약]: 약(藥)을 만듦(製) 또는 그 약

> **例** 국내 제약사 최초로 독감 백신을 개발했다.

조례

조례(朝禮)[아침 조, 예도 례]: 학교 등에서 구성원들이 일과를 시작하기 전에 아침(朝)마다 모여 하는 의식(禮). 조정의 관리들이 아침에 궁궐에 모여 임금을 뵙던 일 = 조회(朝會)

> **例** 눈이 많이 내려 오늘 조례는 강당에서 했다.

조례(條例)[가지/조목 조, 법식 례]: 조목조목(條) 적어놓은 규칙이나 명령(例). 지방자치단체가 법령의 범위 안에서 지방의회의 의결을 거쳐 그 지방의 사무에 관해 제정하는 법

> **例** 조례 일부를 개정하다.

조소

조소(嘲笑)[비웃을 조, 웃음 소]: 조롱해(嘲) 웃음(笑). 비웃음

> **例** 그는 출세를 위해 상사의 비위만 맞추는 속물들을 보며 조소했다.

조소(彫塑)[새길 조, 빚을 소]: 재료를 새기거나(彫) 빚어서(塑) 입체 형상을 만드는 미술. 조각(彫刻)과 소조(塑造)

> ◉ 미술 대학에는 회화과와 <u>조소</u>과가 있다.

조정

조정(朝廷)[아침 조, 조정 정]: 임금을 조회(朝會)하는 관청(廷). 임금이 나라의 정치를 신하들과 의논하거나 집행하던 곳

> ◉ <u>조정</u>에서는 부패한 관리를 내쫓았다.

조정(調停)[고를 조, 머무를/멈출 정]: 중간에서 분쟁의 타협점을 찾아 협조(協調)하도록 해 분쟁을 멈추게(停) 함

> ◉ 정부 부처 간 갈등이 첨예해지자 이를 <u>조정</u>하기 위해 곧바로 위원회가 설치되었다.

조정(調整)[고를 조, 가지런할 정]: 어떤 기준이나 실정에 알맞게 다듬어(調) 정돈(整頓)함

> ◉ 구조<u>조정</u>으로 인해 많은 부서가 재편성되었다.

조정(漕艇)[배저을/나를 조, 거룻배 정]: 여러 물건을 실어 나를(漕) 수 있는 돛이 없는 작은 배(艇). 정해진 거리에서 보트를 저어 스피드를 겨루는 경기

> ◉ 처음으로 미사리 <u>조정</u> 경기장을 가보았다.

조화

조화(造化)[지을 조, 될 화]: 만물을 창조(創造)하고 변화(變化)하는 대자연의 이치. 어떻게 이루어진 것인지 알 수 없을 정도로 신통한 일

　　예 밤사이 마당에 돈다발이 떨어져 있다니 웬 조화냐?

조화(調和)[고를 조, 화할 화]: 서로 협조(協調)해 화목(和睦)하게 지냄. 서로 잘 어울림 ↔ 부조화(不調和)

　　예 인간은 자연과 조화를 이루면서 살아간다.

조화(造花)[지을 조, 꽃 화]: 인공적으로 만든(造) 꽃(花) ↔ 생화(生花)

　　예 나는 조화를 만들어 그녀의 머리에 꽂아주었다.

조화(弔花)[조상할 조, 꽃 화]: 조의(弔意)를 표하는 데 쓰는 꽃(花)

　　예 상갓집은 친구들이 보낸 조화로 가득 차 있었다.

존속

존속(存續)[있을 존, 이을 속]: 어떤 대상이 그대로 있거나(存) 어떤 현상이 계속됨(續)

　　예 사형제도의 존속 여부에 대해 찬반으로 나뉘어 열띤 토론을 벌였다.

존속(尊屬)[높을 존, 무리 속]: 부모 또는 그와 같은 항렬 이상(尊)에 속하는 (屬) 친족(親族) ↔ 비속(卑屬)[낮을 비, 무리 속: 혈연관계에서 자기보다 낮은 항렬에 속하는 친족]

　　예 반인륜적 범죄인 존속살인에 대한 처벌이 강화되고 있다.

준수(遵守)[좇을 준, 지킬 수]: 규칙·명령 등을 그대로 좇아서(遵) 지킴(守)

　　　예 수영장에서는 안전 수칙을 <u>준수</u>해야 한다.

준수(俊秀)[뛰어날 준, 빼어날 수]: 슬기가 뛰어나고(俊) 풍채가 빼어남(秀)

　　　예 그는 자신의 <u>준수</u>한 용모에 대해 자부심을 가지고 있었다.

지각

지각(知覺)[알 지, 깨달을 각]: 알아서(知) 깨닫게(覺) 됨. 깨달아 앎. 사물의 이치를 분별하는 능력

　　　예 동굴에서 해골에 든 물을 마셨다는 사실을 <u>지각</u>하자 구토가 나왔다.

지각(遲刻)[더딜 지, 새길/시각 각]: 정해진 시각(時刻)보다 늦음(遲)

　　　예 버스가 늦게 오는 바람에 학교에 <u>지각</u>하고 말았다.

지각(地殼)[땅 지, 껍질 각]: 땅(地)의 껍질(殼). 지구의 바깥쪽을 차지하는 부분. 지구의 표층을 이루고 있는 단단한 부분

　　　예 인터넷 은행이 출범하면서 금융권에 <u>지각</u>변동이 예고되고 있다.

지도

지도(地圖)[땅 지, 그림 도]: 지구(地球) 표면의 일부나 전부를 일정한 비율로 줄여 이를 평면 위에 나타낸 그림(圖)

　　　예 <u>지도</u>와 나침반이 없는 상황에서 길을 찾기란 어려운 일이다.

지도(指導)[가리킬 지, 이끌 도]: 가리켜주고(指) 이끌어줌(導). 학습지도(學習指導)의 준말

    ◉ 선생님은 학생들에게 글쓰기를 <u>지도</u>하고 있다.

지주

지주(支柱)[지탱할/버틸 지, 기둥 주]: 어떠한 물건이 쓰러지지 아니하도록 버티어(支) 괴는 기둥(柱). 정신적·사상적으로 의지할 수 있는 근거나 힘을 비유해 이르는 말

    ◉ 아버지는 나의 정신적인 <u>지주</u>셨다.

지주(地主)[땅 지, 주인 주]: 토지(土地)의 주인(主人)

    ◉ 조선 시대 때 많은 토지를 가지고 있던 양반 <u>지주</u>들은 대동법을 격렬하게 반대했다.

지주(持株)[가질 지, 그루터기/주식 주]: 어떤 회사의 주식(柱式)을 가지고(持) 있음. 소유하고 있는 주식

    ◉ <u>지주</u>회사들의 주가가 많이 올랐다.

지표

지표(地表)[땅 지, 겉 표]: 지구(地球)의 표면(表面). 땅의 겉면. 지표면(地表面)의 준말

    ◉ <u>지표</u> 가까이에서 용암이 빠르게 굳어 만들어진 암석이 현무암이다.

지표(指標)[가리킬 지, 표시할 표]: 방향이나 목적, 기준 등을 가리키는(指) 표지(標識)

> 例 정부는 올해의 주요 경제지표의 수정이 불가피하다고 지적했다.

識(알 식/기록할 지)은 '인식(認識)'이나 '상식(常識)' 같은 단어에서는 '알 식'으로 읽지만 '표지(標識)'에서는 '기록할 지'로 읽어요. 例 통행금지 표지. 화장실 표지.

진정

진정(眞正)[참 진, 바를 정]: 참되고(眞) 바르게(正). 거짓 없이 참으로. 정말

> 例 이렇게 먼 길까지 와주셔서 진정 감사합니다.

진정(鎭靜)[누를 진, 고요할 정]: 몹시 소란스럽고 어지러운 일을 가라앉혀(鎭) 조용하게(靜) 함

> 例 화가 나서 도저히 진정할 수 없다.

천재

천재(天才)[하늘 천, 재주 재]: 하늘(天)이 준 재주(才). 태어날 때부터 갖춘 뛰어난 재주 또는 그런 재주를 가진 사람

> 例 발명은 천재들에 의해서가 아닌 사회적 요구에 의해 이루어졌다.

천재(天災)[하늘 천, 재앙 재]: 하늘(天)이 내리는 재앙(災). 자연현상으로 일어나는 재난으로 지진, 홍수 따위를 일컬음

> ㉞ 시민들은 인재(人災)에 천재까지 연달아 일어나는 것이 아닌가 하는 걱정에 휩싸였다.

초대

초대(初代)[처음 초, 대신할/시대 대]: 어떤 계통의 첫(初) 번째 사람 또는 그 사람의 시대(代)

> ㉞ 그는 우리 대학의 초대 총장을 지내신 분이다.

초대(招待)[부를 초, 기다릴/대접할 대]: 남을 초청해(招) 대접함(待)

> ㉞ 유럽 여행중 알게 된 독일인 친구가 저녁 식사에 초대했다.

초상

초상(肖像)[닮을 초, 형상 상]: 닮은(肖) 모습(像). 그림이나 사진 따위에 나타낸 사람의 얼굴이나 모습

> ㉞ 대학로에는 초상화를 그려주는 '거리의 화가'들이 많다.

초상(初喪)[처음 초, 죽을 상]: 처음(初) 치르는 상(喪). 사람이 죽은 뒤 장사(葬事)를 지내기까지의 과정

> ㉞ 초상집에 하얀 국화꽃 화환을 보냈다.

추상(抽象)[뽑을 추, 모양 상]: 겉모양(象)을 뽑아내(抽) 버린 내적 속성. 말이나 생각이 현실과 동떨어져 막연함 ↔ 구체(具體)

　　㉠ 그녀의 말은 언제나 <u>추상</u>적이어서 알아듣기 어렵다.

추상(秋霜)[가을 추, 서리 상]: 가을(秋)의 찬 서리(霜). 꾸중이 기세등등하고 엄함을 비유적으로 이르는 말

　　㉠ 장군의 <u>추상</u>같은 호령 소리가 천지를 뒤흔들었다.

출연(出演)[날 출, 펼 연]: 영화나 방송 등에 나와(出) 연기(演技)함

　　㉠ 그는 20여 편의 영화에 <u>출연</u>했다.

출연(出捐)[날 출, 줄/기부할 연]: 돈을 내어(出) 기부함(捐)

　　㉠ 어린 학생들을 위해 장학 재단에 기금을 <u>출연</u>했다.

치사(恥事)[부끄러울 치, 일 사]: 부끄러운(恥) 일(事). 행동이나 말 따위가 쩨쩨하고 남부끄러움

　　㉠ 더럽고 <u>치사</u>해서 그만둔다.

치사(致死)[이를 치, 죽을 사]: 죽음(死)에 이르게(致) 함

　　㉠ 과실 <u>치사</u> 혐의로 구속 영장을 신청하다.

침구

침구(寢具)[잠잘 침, 갖출 구]: 잠자는(寢) 데 쓰는 기구(器具). 이부자리나

베개 등을 일컬음 = 금침(衾枕)

　　예 사랑방에는 손님이 쓸 <u>침구</u>가 갖추어져 있었다.

침구(鍼灸)[바늘/침놓을 침, 뜸 구]: 한의학에서 쓰는 말로 침(鍼)질과 뜸(灸)

질을 아울러 이름

　　예 유명한 한의학 박사인 그는 <u>침구</u>에도 남다른 재능이 있어 여러 사람

을 치료해주었다.

침식(寢食)[잠잘 침, 먹을 식]: 잠자는(寢) 일과 먹는(食) 일 = 숙식(宿食)

　　⑩ 갈 데가 없어 요즘 가게에서 침식하며 지낸다.

침식(侵蝕)[침입할 침, 좀먹을 식]: 침입(侵)으로 좀먹힘(蝕). 외부의 영향으로 세력이나 범위가 점점 줄어듦

　　⑩ 외래문화에 우리의 전통문화가 조금씩 침식당하고 있다.

침식(浸蝕)[잠길/스며들 침, 좀먹을 식]: 스며들고(浸) 좀먹어(蝕) 줄어듦. 지표(地表)가 자연현상으로 깎이는 일

　　⑩ 암반은 파도와 바람에 의해 침식되고 운반되어 한곳에 쌓인다.

탄성(彈性)[탄알/튕길 탄, 성질 성]: 외부의 힘으로 변형된 것이 본디의 모양으로 튕겨(彈) 되돌아가려고 하는 성질(性質)

　　⑩ 판자로 놓은 다리는 얇지만 탄성이 좋아 부러지지 않았다.

탄성(歎/嘆聲)[탄식할 탄, 소리 성]: 탄식하는(歎/嘆) 소리(聲). 감탄하는 소리

　　⑩ 우리 팀이 역전을 하자 곳곳에서 탄성이 터져나왔다.

탈취(奪取)[빼앗을 탈, 가질 취]: 남의 것을 억지로 빼앗아(奪) 가짐(取)

　　⑩ 그들은 탈취한 무기를 들고 폭동을 일으켰다.

탈취(脫臭)[벗을 탈, 냄새 취]: 냄새(臭)를 뺌(脫)

⑩ 화장실에 냄새가 나지 않게 탈취제를 뿌렸다.

통화

통화(通話)[통할 통, 말씀 화]: 전화로 말(話)을 서로 주고받음(通)

⑩ 친구와 전화를 하고 있었는데 갑자기 통화가 뚝 끊겼다.

통화(通貨)[통할 통, 재화 화]: 한 나라 안에서 통용(通用)되고 있는 화폐(貨幣)를 통틀어 이르는 말

⑩ 중국 위안화는 달러와 유로에 이은 3대 통화로 떠올랐다.

투기

투기(投機)[던질 투, 기계/기회 기]: 기회(機會)를 틈타 큰 이익을 얻고자 투자(投資)하는 일

⑩ 정부는 부동산 투기 단속을 강화할 계획이라고 밝혔다.

투기(投棄)[던질 투, 버릴 기]: 내던져(投) 버림(棄)

⑩ 쓰레기 불법 투기가 극성을 부리자 관련 부처에서는 골머리를 앓고 있다.

투기(妬忌)[시샘할 투, 꺼릴/시기할 기]: 시기함(妬=忌)

⑩ 그 여배우는 항상 얌전하고 내성적인 역만 맡다가 처음으로 투기하고 음모하는 역을 맡게 되어 몹시 즐겁다고 말했다.

특사(特使)[특별할 특, 하여금/부릴 사]: 특별히(特) 무엇을 시킴(使) 또는 그것을 맡은 사람. 임무를 띠고 파견하는 외교 사절을 두루 일컫는 말

　　(예) 정부는 미국의 협력을 얻기 위해 <u>특사</u>를 파견했다.

특사(特赦)[특별할 특, 용서할 사]: 특별히(特) 사면해줌(赦). 특별사면(特別赦免)의 준말

　　(예) 광복절 <u>특사</u>로 많은 사람들이 석방되었다.

파장

파장(波長)[물결 파, 길이 장]: 물결(波) 사이의 길이(長). 충격적인 일이 끼치는 영향 또는 그 영향이 미치는 정도나 동안을 비유적으로 이르는 말

　　(예) 이번 사건은 사회적·경제적·정치적으로 커다란 <u>파장</u>을 몰고 왔다.

파장(罷場)[그만둘 파, 마당 장]: 장(場)을 마침(罷). 섰던 장이 끝남. 여럿이 함께하던 판이 끝남 또는 끝날 무렵

　　(예) 부랴부랴 달려갔지만 잔치는 이미 <u>파장</u> 무렵이었다.

편재

편재(遍在)[두루 편, 있을 재]: 두루(遍) 퍼져 있음(在). 널리 존재함

　　(예) 부익부 빈익빈 현상은 어느 지역만의 문제가 아니라 전국적으로 <u>편재</u>해 있다.

편재(偏在)[치우칠 편, 있을 재]: 어떤 곳에 치우쳐(偏) 있음(在)

    ⑩ 부와 소득의 <u>편재</u> 현상은 시급히 고쳐야 할 우리 시대의 문제다.

풍속

풍속(風俗)[바람/풍속 풍, 풍속 속]: 한 사회의 풍물(風物)과 습속(習俗). 옛날부터 그 사회에 전해오는 생활 습관. 그 시대의 유행이나 습관

    ⑩ 허례허식이 많은 결혼 <u>풍속</u>은 사라져야 한다.

풍속(風速)[바람 풍, 빠를 속]: 바람(風)의 속도(速度)

    ⑩ 오늘 최대 순간 <u>풍속</u>은 무려 초당 7m나 되었다.

필적

필적(筆跡)[붓 필, 자취 적]: 손수 쓴(筆) 글씨나 그림의 모양과 흔적(跡)

    ⑩ <u>필적</u>을 보니 그 사람이 쓴 것이 아니었다.

필적(匹敵)[짝 필, 원수/겨룰 적]: 상대(匹)의 재주나 힘, 능력 등이 엇비슷해 서로 견줄(敵) 만함

    ⑩ 오랜 시간이 흘렀어도 그의 작품에 <u>필적</u>할 만한 작품은 없다.

해독

해독(解毒)[풀 해, 독 독]: 독기(毒)를 풀어서(解) 없앰

    ⑩ 뱀에 물린 아이를 위해 <u>해독</u>에 필요한 약을 급하게 구하러 다녔다.

해독(解讀)[풀 해, 읽을 독]: 알기 쉽도록 풀어서(解) 읽음(讀). 암호처럼 알 수 없는 것을 읽어서 알아냄

> ㉠ 그는 암호문 해독에 결정적인 역할을 했다.

향수

향수(香水)[향기 향, 물 수]: 향기(香氣)가 나는 물(水). 향료를 알코올 등에 풀어서 만든 액체 화장품의 한 가지

> ㉠ 향수를 얼마나 뿌렸는지 냄새가 진하게 풍겼다.

향수(鄕愁)[시골 향, 근심 수]: 고향(故鄕)을 그리워하는 마음이나 시름(愁). 사물이나 추억에 대한 그리움

> ㉠ 잔잔하게 흘러나온 노래가 어린 시절의 향수를 불러일으켰다.

화장

화장(化粧)[될 화, 단장할 장]: 변화되도록(化) 단장함(粧). 화장품을 바르거나 문질러 얼굴을 곱게 꾸밈

> ㉠ 화장은 하는 것보다 지우는 것이 더 중요하다.

화장(火葬)[불 화, 장사지낼 장]: 시신을 불살라(火) 장사지내는(葬) 일

> ㉠ 돌아가신 분의 뜻을 존중해 그분의 유언대로 화장했습니다.

환영

환영(歡迎)[기뻐할 환, 맞이할 영]: 기쁘게(歡) 맞이함(迎)

　　예 국가 대표팀이 <u>환영</u> 인파의 환호성 속에 입국을 하고 있다.

환영(幻影)[허깨비 환, 그림자 영]: 허깨비(幻) 그림자(影). 눈앞에 없는 것이

있는 것처럼 보이는 것 = 환상(幻想)

　　예 환자는 죽은 이의 <u>환영</u>에 시달려 잠을 이루지 못했다.

동음이의어에 이어 이번에는 소리가 비슷해서 본래 의미를 혼동하기 쉬운 단어들을 살펴봐요. '재능을 개발하다? 계발하다?' '영화를 상영하다? 상연하다?' 이렇게 문득 헷갈리는 단어가 있었을 거예요. 글의 의도를 확실하게 이해하려면 이런 단어들을 확실하게 알아두는 게 중요하죠. 여기에 나오는 발음이 비슷한 단어들을 확실하게 이해하지 않으면 문장의 전체적인 흐름을 놓칠 수도 있습니다.

PART 4

중학생이라면 꼭 알아야 할 소리는 비슷해도 뜻은 다른 말

이음혼동어

비슷한 소리를 내지만 다른 뜻을 가진 말

소리가 비슷해서 본래 의미를 혼동하기 쉬운 단어들을 살펴봅시다. 굳이 이름을 붙이자면 이음혼동어(異音混同語)라고 할 수 있겠네요. 발음이 비슷해 뜻이 혼동되는 단어예요. 발음이 비슷한 단어들을 확실한 뜻을 모르고 막연하게 이해하고 있으면 문장의 전체적인 흐름을 놓칠 수 있어요. 오히려 동음이의어보다 더 중요하다고 볼 수 있죠. 문맥(文脈)을 파악하기 위해서는 단어의 의미를 정확하게 알고 있어야 해요. 발음이 비슷하다고 해서 절대 혼동해서는 안 됩니다.

간파 | 간과

간파(看破)[볼 간, 깨뜨릴 파]: 보아서(看) 속사정을 꿰뚫어(破) 알아차림

⬛ 출제자가 의도한 바를 정확히 <u>간파</u>하는 것이 문제풀이의 핵심이다.

간과(看過)[볼 간, 지날 과]: 대강 보아(看) 넘김(過). 관심 없이 대충 보고 내버려둠

⬛ 때로 우리는 정직이 최선이라는 소박한 진리를 <u>간과</u>하며 살아간다.

개발 | 계발

개발(開發)[열 개, 필/드러날 발]: 열어서(開) 드러나게(發) 함. 개척해 유용하게 함. 지식이나 재능 등을 발달하게 함. 새로운 물건이나 생각을 만듦

⬛ 핵심 기술 <u>개발</u>이 국가 경쟁력이 되는 시대다.

계발(啓發)[문열/일깨울 계, 필/밝힐 발]: 일깨워주고(啓) 밝혀줌(發). 재능이나 사상 등을 일깨워줌

⬛ 아이의 상상력 <u>계발</u>을 위해 사고하는 습관을 길러주자.

개재 | 게재 | 계제

개재(介在)[끼일 개, 있을 재]: 사이에 끼어(介) 있음(在)

⬛ 알아서는 안 될 무슨 사정이 <u>개재</u>되어 있었다.

게재(揭載)[높이들 게, 실을 재]: 신문 등에 글이나 그림을 올려(揭) 실음(載)

⬛ 그는 일주일에 한 번 신문에 칼럼을 <u>게재</u>한다.

계제(階梯)[층계 계, 사다리 제]: 층계(階)와 사다리(梯). 일이 되어가는 순서나 절차. 어떤 일을 할 수 있는 형편

　　예 당장 내 일도 해결하지 못해서 남의 일에 간섭할 <u>계제</u>가 못된다.

경신 ┃ 갱신

경신(更新)[고칠 경, 새로울 신]: 고쳐(更) 새롭게(新) 함. 이전의 기록을 깨뜨려 새로운 기록을 세움

　　예 김 선수는 오늘 3안타를 추가해 시즌 최다 안타 기록을 <u>경신</u>했다.

갱신(更新)[다시 갱, 새로울 신]: 다시(更) 새롭게(新) 함. 법률관계의 존속 기간이 끝났을 때 그 기간을 연장하는 일

　⑩ 자동차 보험이 만기되어 보험 계약을 <u>갱신</u>했다.

更(고칠 경/다시 갱)은 '丙(밝을 병)'과 '攵(칠 복)'이 합쳐지고 획이 줄어들어 만들어진 글자입니다. 밝게 되라고 쳐서 고치니 '고칠 경', 또 고쳐져서 다시 새로워지니 '다시 갱', 이렇게 2가지 음(音)으로 읽지요. 따라서 '고치다'의 뜻으로 쓰인 '경신' '변경(變更)[변할 변, 고칠 경: 바꾸어 고침]'에서는 '경'으로 읽고, '다시'의 뜻으로 쓰인 '갱신' '갱지(更紙)[다시 갱, 종이 지: 폐지를 다시 활용해 만든 종이]' '갱생(更生)[다시 갱, 날 생: 다시 살아남]'에서는 '갱'으로 읽어요.

게시 | 개시 | 계시

게시(揭示)[높이들 게, 보일 시]: 내붙이거나 내걸어(揭) 두루 보게(示) 함

　⑩ 사무실 알림판에 진급자 명단이 <u>게시</u>되었다.

개시(開始)[열 개, 처음 시]: 열어서(開) 시작함(始). 행동이나 일을 시작함

　⑩ 우리는 중대장의 명령에 따라 사격을 <u>개시</u>했다.

계시(啓示)[문열 계, 보일 시]: 열어(啓) 보여줌(示). 사람의 지혜로는 알 수 없는 진리를 신(神)이 알려줌

　⑩ 그는 꿈에서 천사의 <u>계시</u>를 받고 성직자가 되기로 결심했다.

결재(決裁)[결정할 결, 옷마를/결단할 재]: 결정(決定)하거나 결단(決斷)을 내림. 부하가 제출한 안건을 상관이 검토해 허가하거나 승인함

　　㉠ 우리 회사는 휴가를 갈 때 부장님의 결재를 받아야 한다.

결제(決濟)[결정할 결, 건널 제]: 일을 처리해(決) 끝냄(濟). 매매 당사자 간의 거래관계를 끝맺는 일

　　㉠ 현금을 따로 가지고 다니지 않아서 물건을 살 때 언제나 신용카드로 결제한다.

노출(露出)[이슬/드러낼 로, 날 출]: 겉으로 드러(露)남(出)

　　㉠ 청소년들은 폭력적이고 선정적인 정보를 주는 대중매체에 무방비로 노출되어 있다.

누출(漏出)[샐 루, 날 출]: 기체나 액체, 정보 따위가 새어(漏) 나옴(出)

　　㉠ 방사능 물질이 외부에 누출되었다.

막역(莫逆)[없을 막, 거스를/허물 역]: 뜻이 맞아 서로 허물(逆)이 없이 아주 친함(莫)

　　㉠ 그들은 어릴 적부터 막역하게 지내왔다.

막연(漠然)[사막/넓을 막, 그럴 연]: 아주 넓어(漠) 아득한 모양(然). 또렷하지 못하고 어렴풋함

> (예) 뚜렷한 계획 없이 막연한 희망과 기대만으로 새로운 사업을 시작하는 건 위험하다.

분리 | 불리

분리(分離)[나눌 분, 떠날/떼어놓을 리]: 따로 나누어(分) 떨어짐(離). 따로 떼어냄

> (예) 쓰레기를 버릴 때는 일반 쓰레기와 재활용품을 분리하자.

불리(不利)[아니 불, 이로울 리]: 이롭지(利) 아니함(不) ↔ 유리(有利)

> (예) 그에게 불리한 상황이었지만 결코 포기하지 않았다.

비고 | 비교

비고(備考)[갖출 비, 생각할/참고할 고]: 참고하기(考) 위해 갖추어(備) 둠. 어떤 내용에 참고가 될 만한 사항을 덧붙여 적거나 덧붙인 사항을 말함

> (예) 입학원서 비고란에 웅변대회 수상 경력을 적어놓았다.

비교(比較)[견줄 비, 견줄 교]: 2개 이상의 사물을 대비해(比) 견주어(較) 봄

> (예) 자식에 대한 어머니의 헌신적 사랑은 이 세상 그 무엇과도 비교할 수 없다.

상영 | 상연

상영(上映)[위 상, 비출 영]: 필름에 빛을 비추어(映) 스크린 위(上)로 쏨

　　㉠ 누나는 영화 <u>상영</u> 시간 내내 울더니 결국 눈이 퉁퉁 부었다.

상연(上演)[위 상, 펼 연]: 연극 같은 공연(公演)을 무대에 올림(上)

　　㉠ 희곡은 무대 <u>상연</u>을 전제로 하는 문학으로, 해설·지시문·대사 등 형

　식의 3요소를 가진다.

실재 | 실제

실재(實在)[열매/실제 실, 있을 재]: 실제(實)로 존재함(在) ↔ 가상(假像)

　　㉠ 아틀란티스가 <u>실재</u>했다고 믿는 사람들도 많다.

실제(實際)[열매/실제 실, 사이/만날/때 제]: 있는 그대로인 사실(實)의 경우

(際)나 형편

　　㉠ 팔자 주름이 심한 경우 <u>실제</u> 나이보다 훨씬 늙어 보인다.

우월 | 우열

우월(優越)[넉넉할/뛰어날 우, 넘을 월]: 뛰어나(優) 훨씬 넘어섬(越)

　　㉠ 외국 문화가 무조건 <u>우월</u>하다고 생각하는 사람들이 많다.

우열(優劣)[넉넉할 우, 못할 렬]: 나음(優)과 못함(劣)

　　㉠ 각 나라의 문화는 차이만 있을 뿐 <u>우열</u>은 없다.

유래 | 유례

유래(由來)[말미암을 유, 올 래]: 어떤 것으로 말미암아(由) 일어나는(來) 것. 사물의 내력

> (예) 마라톤은 승전 소식을 전하기 위해 쉬지 않고 달렸던 한 병사의 이야기에서 유래한 것이다.

유례(類例)[무리/비슷할 류, 법식 례]: 같거나 비슷한(類) 예(例). 이전부터 있었던 사례 = 전례(前例)

> (예) 그 영화는 독립영화 사상 유례없는 흥행 기록을 세웠다.

잠재적 | 잠정적

잠재적(潛在的)[잠길 잠, 있을 재, 것 적]: 겉으로 드러나지 않고 속에 잠겨(潛) 있는(在) 것(的)

> (예) 오늘날의 사회는 인간의 잠재적 능력을 억압하고 있다.

잠정적(暫定的)[잠시 잠, 정할 정, 것 적]: 우선 임시(暫)로 정한(定) 것(的)

> (예) 우리는 정기모임을 잠정적으로 연기하기로 했다.

재고 | 제고

재고(再考)[두/다시 재, 생각할 고]: 한 번 정한 일이나 문제를 다시(再) 한 번 생각함(考)

> (예) 행사 순서를 재고해보는 것이 어떻겠습니까?

제고(提高)[끌/들 제, 높을 고]: 쳐들어(提) 높임(高). 높게 함

㉔ 세계시장에서 끝까지 살아남기 위해서는 국가 경쟁력이 <u>제고</u>되어야 한다.

재물 | 제물

재물(財物)[재물 재, 물건 물]: 재산(財)이 될 만한 물건(物)

㉔ 그는 자신의 권력을 이용해 재물을 쌓았다.

제물(祭物)[제사 제, 물건 물]: 제사(祭)에 쓰이는 음식물(飮食物). 어떤 것을 위해 목숨이나 명예 등을 빼앗긴 대상을 비유적으로 이르는 말

㉔ 햇과일과 햇곡식으로 정성껏 <u>제물</u>을 마련했다.

㉔ 권력을 가진 자들은 그를 <u>제물</u>로 삼아 당에서 축출했다.

지양 | 지향

지양(止揚)[그칠/멈출 지, 떨칠/오를 양]: 멈추었다(止)가 다시 올라감(揚). 지금보다 더 높은 단계에 오르기 위해 어떠한 것을 하지 아니함. 어떤 것을 그 자체로는 부정하면서 오히려 한층 더 높은 단계에서 이것을 긍정하는 일

㉔ 주입식 교육과 단순 암기식 학습법은 <u>지양</u>해야 한다.

㉔ 국회의원들은 이제 장외 투쟁을 <u>지양</u>하고 국회로 들어와 대화로 문제를 풀어야 한다.

지향(指向)[가리킬 지, 향할 향]: 방향(方向)을 가리킴(指). 지정된 방향으로 나아가는 것

> ⑩ 요즘 젊은이들은 미래에 대한 진지한 고민이 없이 단순히 출세만을 지향하고 있다.

추돌 | 충돌

추돌(追突)[따를 추, 부딪칠 돌]: 뒤따르던(追) 자동차나 기차 등이 앞차를 들이받음(突)

> ⑩ 화물차가 빗물에 미끄러져 앞서가는 승용차를 추돌했다.

충돌(衝突)[부딪칠 충, 부딪칠 돌]: 서로 맞부딪침(衝=突). 의견이나 이해(利害) 관계의 대립으로 서로 맞서서 싸움

> ⑩ 이번 집회도 참석자와 경찰 간의 충돌 없이 마무리되었다.

취소 | 치소

취소(取消)[가질 취, 사라질 소]: 앞서 가졌던(取) 것을 사라지게(消) 함. 예정한 일을 없애 버림

> ⑩ 국제 테러 위험성이 커지면서 예정되었던 여러 행사들이 취소되었다.

치소(治所)[다스릴 치, 바 소]: 다스리는(治) 곳(所). 행정 사무를 책임지는 기관이 있는 곳

> ⑩ 고려 시대에 행정 사무를 맡아보는 치소가 있었다.

타개 | 타계

타개(打開)[칠 타, 열 개]: 두드려(打) 엶(開)

> (예) 판매량이 줄어들고 있는 상황을 타개하기 위해 새로운 광고 기획안을
> 내놓았다.

타계(他界)[다를 타, 지경 계]: 다른(他) 세계(世界). 어른이나 귀인의 죽음

> (예) 지난해 타계한 화가의 생전 작품들이 재조명받고 있다.

한담 | 환담

한담(閑談)[한가할 한, 말씀 담]: 한가해서(閑) 심심풀이로 하는 이야기(談).
그다지 중요하지 않은 이야기

> (예) 우리는 오랜만에 편히 앉아서 한담을 나누었다.

환담(歡談)[기뻐할 환, 말씀 담]: 즐겁게(歡) 이야기함(談)

> (예) 대통령은 오늘 임명한 장관과 환담을 나누었다.

한심 | 환심

한심(寒心)[찰 한, 마음 심]: 마음(心)에 열기가 없고 차가움(寒). 열정과 희
망이 없고 딱함 ↔ 열심(熱心)

> (예) 사내 녀석이 그깟 일로 눈물이나 줄줄 흘리다니 한심하구나!

환심(歡心)[기뻐할 환, 마음 심]: 기뻐하는(歡) 마음(心)

> (예) 기업은 소비자들의 환심을 사기 위해 사은품을 듬뿍 나누어주었다.

혼돈(混沌)[섞을 혼, 엉길 돈]: 뒤섞여(混) 엉킴(沌). 뒤섞여 있어 갈피를 잡

을 수 없는 상태

　　예 청산유수 같이 흘러나오는 그 사람의 말을 듣고 있으니 내 생각이 맞

　는지 그의 말이 맞는지 혼돈되었다.

혼동(混同)[섞을 혼, 한가지 동]: 서로 섞여(混) 하나(同)가 됨. 구별하지 못하

고 뒤섞어서 생각함

　　예 잠에서 깬 그녀는 너무 생생한 꿈 때문에 현실에서 혼동을 일으켰다.

『중학생이라면 꼭 알아야 할
필수 국어 어휘 500』
저자와의 인터뷰

Q 『중학생이라면 꼭 알아야 할 필수 국어 어휘 500』을 소개해주시고, 이 책을 통해 독

자들에게 전하고 싶은 메시지가 무엇인지 말씀해주세요.

A 10여 년 넘게 대학가에서 한자를 강의하면서 대학생들의 어휘력이

빈곤하다는 것을 느꼈습니다. 그 원인을 곰곰이 분석해보니 중학

생 때는 한자어에 대한 기본기 없이 어렴풋이 알고 지나가고, 고등

학생 때는 이 과목 저 과목에 치이며 필요한 단어는 영어단어 외듯

외기만 했더라고요. 그러니 대학에 와서는 말을 해도 자신감이 없

고 글을 써도 정확하게 표현하지 못하는 현실에 마주한 것입니다.

최소한의 기본훈련이 안 된 상태에서 물속에 뛰어들어 수영을 하

려하니 제대로 헤엄쳐 나갈 수 없게 된 것이죠.

그렇기에 이 책은 현행 중학교 교과서에 나오는 한자로 만들어진 주요 개념어들을 본래 의미에 맞춰 알기 쉽게 풀이해놓았습니다. 학습시간의 부담을 감안해서 예문을 될 수 있는 대로 교과서에 나오는 문장을 채택했습니다. 말 그대로 중학생이라면 꼭 알고 넘어가야 할 필수 어휘들이죠. 이 어휘들만 확실히 이해한다면 국어 학습은 문제없을 겁니다.

Q 시중에 많은 중학생 국어 어휘관련 도서들이 있는데요, 이 책들과 차이점이 있다면 어떤 것인가요?

A 예를 들어 '타원'이나 '해일'이라는 단어를 설명할 때 국어사전에 나오는 내용을 그대로 옮겨놓은 책들을 많이 봤습니다. 사전에는 세 줄 네 줄씩 복잡하고 지루하게 설명하고 있습니다. 하지만 한자의 본뜻을 알고 있으면 이해하기 훨씬 쉽습니다. 타원(橢圓)[길쭉할 타, 둥글 원]'은 '길쭉한(橢) 동그라미(圓)'고 '해일(海溢)[바다 해, 넘칠 일]'은 '바닷물(海)이 넘친다(溢)'는 뜻이죠. 수학에 나오는 '예각(銳角)'과 '둔각(鈍角)'에서 '예(銳)'는 '날카롭다'는 뜻이고, '둔(屯)'은 '무디다'는 뜻입니다. 그러니까 90°가 안 되는 '날카로운 각'을 '예각'이라고 하고 90°가 넘는 '무딘 각'을 '둔각'이라고 하는 것입니다. 이렇듯 한자의 뜻만 알면 쉽게 이해할 수 있도록 설명해놓았습니다.

Q 국어 공부에서 한자의 중요성을 거듭 강조하셨는데요, 자세한 설명 부탁드립니다.

A '모순(矛盾)'이라는 단어는 '창과 방패'라는 뜻입니다. 이 단어의 유래를 살펴보면 어떤 상인이 창과 방패를 동시에 팔면서 이 창은 어떤 방패로도 막지 못하는 창이라 하고 이 방패는 어떤 창으로도 뚫지 못하는 방패라고 하며 앞뒤가 맞지 않는 말을 했죠. 이렇게 '두 사실이 이치상 어긋나서 서로 맞지 않음'을 이르는 말입니다. 그러니까 여기서 '창 모(矛)'와 '방패 순(盾)'이라는 글자를 알고 있을 때와 모르고 있을 때 어느 경우가 '모순'이라는 단어를 이해하기가 쉬울까요?

Q 주위에 초등학교 때 국어 시험에 만점 받던 아이가 중학생이 되어서는 학교 수업을 따라잡지 못한다는 이야기를 종종 듣게 됩니다. 그 이유가 무엇인가요?

A 여기에는 그만한 이유가 있습니다. 현재 대입 수능 언어영역에 나올 수 있는 단어의 수가 만 개 정도인데 초등학교 국어 교과서에 나오는 어휘의 숫자는 천 개 정도에 불과합니다. 초등 교과서에 나오는 단어들은 어려운 한자어가 별로 없기 때문에 어휘력이 잘 드러나지 않는 데 비해 중등 교과서에는 무려 9천 단어 정도로 급격히 증가하기 때문에 한자어를 알지 못하고서는 문제를 풀기 어렵습니다. 우선 중등 교과서에 나오는 한자어들을 정확하게 이해하는 것이 필요합니다. 그래서 이 책이 나오게 됐죠.

Q 책에서 한자를 바탕으로 한 개념어가 중요하다고 강조하셨습니다. 왜 중요한가요?

A 중학교 시절 한자어에 대한 기본기를 갖추지 않고서는 수능 언어 영역 문제들을 정확하게 이해할 수가 없습니다. 학부모님들께서는 국어는 일상생활에 사용하고 있기 때문에 국어 공부는 어느 정도만 해도 잘할 수 있다고 믿고 계시죠. 하지만 오히려 점수 받기가 까다로운 과목이 국어입니다. 서점에 깔린 대입 수능 기출 문제집을 펼쳐보세요. 비트겐슈타인의 『논리철학논고』에 아놀드 토인비의 『역사의 연구』가 지문으로 실린 문제들이 나옵니다. 이러한 지문을 이해하기 위한 첫걸음은 당연히 어휘력을 길러 나가는 일입니다. 중학교 때 교과서에 나오는 기초 어휘를 정확하게 이해하고 있어야 책을 읽어도 다양한 표현에 익숙해질 수 있고, 의미 파악을 위한 깊이 있는 생각도 할 수 있는 것입니다. 그런데 중요 개념어들의 대부분이 한자어로 구성되어 있어서 한자의 본뜻을 알지 못하고는 그 정확한 의미를 이해하기가 매우 어렵습니다. 학생들은 중요 개념어를 막연하게 이해하고 넘어가기 때문에 고등학생이 되어서도 부족한 어휘력 때문에 국어 과목을 힘들어 하게 되는 것입니다.

Q 한자어를 알고 있을 때와 모르고 있을 때의 차이를 예를 들어 설명해주세요.

A 예를 들어 '상호(相互)'라는 단어에 나오는 '相(서로 상)'이라는 글자는 학생들도 잘 알고 있습니다. '나무(木) 위에서 눈(目)으로 서로 바

라보다'라는 의미에서 '서로'의 뜻이 나왔죠. 그런데 '서로' 바라보는 것뿐만 아니라 바라보고 있는 '모양'이라는 뜻으로 자연스레 의미가 확장됩니다. 따라서 '서로 상'과 '모양 상'을 함께 알고 있어야 합니다. '모양'의 뜻으로 쓰이는 대표적인 단어가 시험에도 자주 나오는 '양상(樣相)'입니다. 즉 '일이 되어 가는 모양이나 상태'를 말하죠. 그러니까 '양상'이라는 단어를 쓰기 위해서는 '구체적인 모습'이 제시되어야 합니다. 또 알아야 할 점은 상(相)이 '재상(宰相)'의 뜻도 있다는 것이에요. 재상은 지금의 국무총리라고 보면 됩니다. 그러니 '왕후장상(王侯將相)'이란 '제왕(帝王)과 제후(諸侯), 장수(將帥)와 재상(宰相)을 아울러 이르는 말입니다. 이렇듯 한자어의 뜻을 함께 알고 있으면 어휘 공부가 더 쉬워집니다.

Q 많은 학부모들은 독서를 많이 하면 자연스럽게 어휘력이 늘어날 것이라고 믿고 있는데요, 자세한 설명 부탁드립니다.

A 학부모님들 중에는 책을 많이 읽으면 어휘력이 자연스럽게 늘어날 것이라고 믿는 분들이 많이 계시지만 한자어에 대한 기본기가 갖추어져 있지 않은 상태에서는 '사상누각(沙上樓閣)'일 뿐입니다. 모래 위에 누각을 쌓아봤자 쉽게 무너지듯이 어휘력도 마찬가지죠. 예를 들어 '연역'이나 '귀납'이라는 단어는 한자의 본래 뜻을 알고 접근하면 이해하기 훨씬 쉽습니다. 그렇지만 국어사전을 찾아보면

무슨 뜻인지 더 헷갈릴 때가 많습니다. 시험문제 지문에도 자주 나오는 이러한 단어의 의미를 막연하게 이해한 상태에서 아무리 책을 많이 읽어도 독해력 향상을 기대하기란 참으로 어렵습니다.

Q 사상누각이 되지 않게 어휘력을 늘리기 위한 방법에 대해 좀더 자세히 말씀해주세요.

A 중학 시험문제에도 자주 나오는 '연역(演繹)[펼 연, 풀어낼 역]'과 '귀납(歸納)[돌아올 귀, 들일 납]'이란 단어로 예를 들어보겠습니다. '연역'은 '펼쳐서 풀어내는 일'이고 '귀납'은 '돌아와서 들어오는 것'입니다. 연역은 '안에서 바깥으로', 귀납은 '바깥에서 안으로'의 뜻으로 이해하면 됩니다. 그러니까 '일반적인 원리를 펼쳐서(演) 구체적인 사실을 풀어내는(繹)'것이 '연역'이고, '개별적이고 구체적인 사실들을 근거해서 돌아와서(歸) 일반적이고 보편적인 원리로 들어가는(納)'것이 '귀납'입니다.

연역은 안에 있는 원리를 먼저 생각해내서, 바깥의 현실에 적용하도록 펼쳐서 풀어내는 것이죠. 따라서 옳은 전제에서 연역적으로 도출된 결론은 100% 맞습니다. 안에 있던 원리가 절대적으로 옳기 때문에 어디에 적용하더라도 맞을 수밖에 없습니다. 예를 들어 "모든 사람은 죽는다."라는 원리가 있고 "소크라테스는 사람이다."라는 현실이 있다면 "소크라테스는 죽는다."는 결론에 도달하게 되는 것이죠. 귀납은 반대로 바깥에 있는 현실을 많이 관찰하고 그 관찰

결과를 안쪽으로 들여 원리를 만드는 것입니다. 따라서 귀납은 만들어진 원리가 확실하지 않습니다. 수천만 마리의 검은 까마귀를 관찰해서 "모든 까마귀는 검다."라는 원리를 만들어도, 어디선가 흰색 또는 회색 까마귀를 발견할 수 있기 때문입니다.

Q 한자 공부는 중학교 때 한문 과목을 열심히 하면 되지 않나요?

A 많은 학부모님들이 중학교 한문(漢文) 과목을 열심히 하면 한자어를 익히는 데도 도움이 될 거라고 생각합니다. 하지만 현행 중고등학교 한문 교육은 현대 한국어에서 사용되는 한자어가 아니라 고전(古典) 한문 중심입니다. '한문'을 배우는 목표 자체가 '한자어'를 독해하는데 있는 것이 아니라 '고전 한문의 이해'에 있는 것이기 때문에 어휘력 키우기에는 크게 도움이 되지 않습니다.

Q 국어 어휘력 향상을 위해 고민하는 학부모와 아이들에게 해주고 싶은 말씀이 있다면 한 말씀 부탁드립니다.

A 생뚱맞게 들리시겠지만 한자를 익혀서 어휘력을 늘리는 방법 중 제가 가장 추천하는 방법은 집에 있는 텔레비전을 버리는 것입니다. 한자(漢字)는 3,500년간 사용자 공동의 기억을 담은, 살아 있는 문화가 고스란히 녹아들어 다양하고 풍부한 정보를 담은 독특한 문자입니다. 예전에는 교과 내용을 단순하게 외우는 것만으로

도 충분히 수업을 따라갈 수 있었지만, 요즘은 교과 개념을 이해하지 않고서는 학습이 이루어지지 않기 때문에 생각의 폭을 넓히지 않고서는 제대로 된 실력을 쌓을 수가 없습니다. 텔레비전은 스스로 생각하는 힘을 기르는 데 가장 방해가 되죠. 그래서 "텔레비전을 버려라."라고 말한 것입니다.

가장 중요한 점은 문장 속에 모르는 단어가 나왔을 때 단어장에 메모하는 습관입니다. "낙숫물이 바위를 뚫는다."는 말이 있습니다. 그때그때 모르는 단어를 공부해 자신만의 어휘 사전을 만들어보세요. 메모장에 단어들이 차곡차곡 쌓이다 보면 탄탄한 어휘력을 바탕으로 문장에서 글쓴이가 무엇을 말하려고 하는지를 손쉽게 파악할 수 있습니다. 그런 다음에 자신의 생각을 논리적으로 비판할 수 있게 되는 것이죠. 어휘 실력을 갖추지 않고서는 독해력 향상을 기대하기는 어렵다는 걸 명심하기 바랍니다.

스마트폰에서 이 QR코드를 읽으시면
저자 인터뷰 동영상을 보실 수 있습니다.

독자 여러분의
소중한 원고를 기다립니다

메이트북스는 독자 여러분의 소중한 원고를 기다리고 있습니다. 집필을 끝냈거나 혹은 집필중인 원고가 있으신 분은 khg0109@hanmail.net으로 원고의 간단한 기획의도와 개요, 연락처 등과 함께 보내주시면 최대한 빨리 검토한 후에 연락드리겠습니다. 머뭇거리지 마시고 언제라도 메이트북스의 문을 두드리시면 반갑게 맞이하겠습니다.